Fátima Merlin

VAREJO CONECTADO

Decisões Orientadas por Dados

2021

Copyright ©2021 by Poligrafia Editora
Todos os direitos reservados.
Este livro não pode ser reproduzido sem autorização.

VAREJO CONECTADO
Decisões Orientadas por Dados
ISBN 978-65-5854-267-4

Autora: **Fátima Merlin**
Coordenação Editorial: Marlucy Lukianocenko
Organização de Conteúdo: Susana Ferraz
Projeto Gráfico e Diagramação: Cida Rocha
Capa: Eduardo Furlan
Revisão: Fátima Caroline P. de A. Ribeiro
Foto da Autora: Marcello Vitorino

Dados Internacionais de Catalogação na Publicação (CIP)
Lumos Assessoria Editorial
Bibliotecária: Priscila Pena Machado CRB-7/6971

```
M565   Merlin, Fátima.
          Varejo conectado : decisões orientadas por dados /
       Fátima Merlin. — 1. ed. — Cotia : Poligrafia, 2021.
          150 p. ; 21 cm. — (Coleção Varejo em Foco ; 3).

          Inclui bibliografia.
          ISBN 978-65-5854-264-3 (coleção)
          ISBN 978-65-5854-267-4

          1. Comércio varejista - Administração. 2. Planejamento
       estratégico. 3. Marketing de varejo. 4. Inteligência
       competitiva (Administração). I. Título.

                                              CDD 658.812
```

Poligrafia Editora
www.poligrafiaeditora.com.br
E-mail: poligrafia@poligrafiaeditora.com.br
Rua Maceió, 43 – Cotia – São Paulo
Fone: 11 4243-1431 / 11 99159-2673
A editora não se responsabiliza pelo conteúdo da obra, formulada exclusivamente
pelo autor.

"Ser orientado a dados é, antes de mais nada, ter como meta nas decisões corporativas a objetividade e estar sempre baseado em evidências ."

Dr. Kirk Borne

AGRADECIMENTOS

Parafraseando Sócrates, o grande segredo para a plenitude é muito simples: compartilhar. Eis-me aqui lançando meu terceiro livro, *Varejo Conectado: Decisões Orientadas por Dados.*

E, por falar em dados, coincidência ou sincronicidade, percebi hoje, escrevendo este agradecimento, que, desde o primeiro, lancei um novo livro a cada exatos três anos. Para quem acredita, o número 3 significa a frutificação, a trindade, a multiplicidade. Dentro deste contexto, espero, de coração, que esta obra possa, de fato, ser frutífera e relevante para você. Afinal, compartilho aqui, com você, boa parte do que aprendi, vivi, estudei e pesquisei nestes meus mais de 30 anos de varejo e comportamento de consumidores e *shoppers.*

Espero que, com esta obra, você possa verdadeiramente transformar sua empresa e maximizar resultados. Esteja certo de que tudo foi feito com muito cuidado, empenho, profundidade, carinho.

Só tenho a agradecer. Primeiramente, a Deus, por estar sempre comigo, abençoando-me a cada dia, por toda a minha jornada.

A todos que contribuíram com esta obra, citados ao longo dos textos, compartilhando conhecimentos, vivência, experiência, saber, visões, depoimentos e/ou escrevendo seus artigos, definitivamente, vocês tornaram esta obra diferenciada.

Agradeço a meu marido e a meu filho, que aceitaram renunciar da minha presença por noites e mais noites, para que eu pudesse escrever este livro. Aos meus amigos mais próximos e familiares, aproveitando para desculpar-me pela ausência.

Meu muito obrigada à minha editora, Marlucy Lukianocenko, que me convidou, primeiramente, para ajudar na curadoria dos temas e, na sequência, para participar desta coletânea incrível, *Varejo em Foco*. Deixo aqui um agradecimento especial e minhas congratulações a cada autor deste projeto, sem dúvida, um marco para o varejo.

Quero agradecer à minha equipe na Connect Shopper. "Sem vocês, meu mundo para...". Vocês são a melhor versão de mim; minha motivação e inspiração.

Por fim, um agradecimento especial à Susana Ferraz, grande amiga jornalista que me ajudou no momento em que eu estava com uma tendinite aguda, e aos meus leitores, parceiros, clientes, alunos, fornecedores e centenas, milhares de pessoas, que estão diariamente comigo, de forma presencial ou virtual, como seguidores nas redes sociais, lendo meus livros e artigos e participando dos meus cursos. A vocês que me acompanham, motivam e inspiram, o meu muito obrigada!

A autora

PREFÁCIO

Eduardo Terra *

No livro *"Varejo Conectado - Decisões Orientadas por Dados"*, minha amiga, grande consultora e especialista em varejo, Fatima Merlin, descreve, de uma forma muito estruturada e prática, o novo papel que os dados vêm ocupando no processo de decisões estratégicas das empresas de varejo.

O varejo tem passado por grandes transformações nos últimos anos e, mais recentemente, com a pandemia, houve um processo ainda mais acelerado de digitalização. Esta agenda de digitalização envolve não apenas novos canais de venda digital, como o *e-commerce*, mas também um novo papel das lojas, uma nova estrutura organizacional, novos indicadores de performance e, principalmente, uma nova arquitetura e visão sobre o uso dos dados.

Esta nova abordagem sobre o uso de dados passa, na minha visão, por dois grandes desafios, muito bem abordados neste livro. O primeiro desafio é cultural. As decisões nas empresas de varejo, durante muitos anos, foram tomadas com base na experiência e opinião de gestores experientes que, apesar de acertarem bastante, não conseguem dominar todos os assuntos e desafios que a complexidade do varejo atual exige. O segundo desafio é de ordem tecnológica. As empresas de varejo e suas arquiteturas de tecnologias não estão prontas para o fluxo necessário que um processo de tomada de decisão por dados exige; na maior parte das vezes, os dados estão em silos, desorganizados, duplicados e com baixo nível de segurança. Colocar estes dados em um plano central, seguro, organizado e que permita um ágil processo de decisão é um dos maiores desafios das empresas do varejo mundial.

Tenho trabalhado há mais de 25 anos com o varejo e fico muito feliz e orgulhoso de termos uma obra como esta, que, sem dúvida, irá contribuir para o desenvolvimento e a competitividade do varejo nacional, um varejo mais técnico, mais estruturado e mais preparado para os desafios que o futuro nos apresenta.

Uma ótima leitura a todos!

*Eduardo Terra é presidente da Sociedade Brasileira de Varejo e Consumo (SBVC), conselheiro de empresas e sócio da BTR-Varese

INTRODUÇÃO

Olegário Araújo[*]

Usar os dados no processo de tomada de decisão pode não ser algo novo, mas continua sendo muito desafiador, como já dizia o professor William Edwards Deming, criador do Ciclo Deming, que popularizou o conceito de PDCA[1] em meados do século passado, que pode ser ilustrado por duas de suas frases célebres: "Sem dados você é mais uma pessoa qualquer com opinião" e "O que não pode ser medido não pode ser gerenciado". Elas continuam válidas, assim como a defesa do autor da importância do trabalho em equipe, de juntar esforços para chegar aos objetivos. Ainda mais na atualidade, em que tudo se altera em alta velocidade. Vivemos num mundo hiperfragmentado, volátil, incerto, complexo e ambíguo, onde é quase impossível acompanhar tudo e tomar boas decisões apenas com base na intuição e na experiência.

Diante do cenário atual, em que se ampliam a complexidade, os impactos e os riscos aos negócios, o uso de dados para a tomada de decisão nunca foi tão evidenciado, ainda mais no varejo brasileiro, tão competitivo, como bem mostrará Fátima Merlin no decorrer desta publicação.

Não foi por acaso que, em 2006, Clive Robert Humby, matemático britânico, afirmou que os dados são o novo petróleo. A fala ganhou destaque em 2017, quando a revista inglesa *The Economist*, em sua matéria de capa, destacou que os dados são o recurso mais valioso do mundo e estão definindo as novas regras de competição. A imagem de capa retratou uma plataforma petrolífera com os logos de Amazon, Facebook, Google, Microsoft, Tesla e Uber. Mas, como disse o vice-presidente da Associação dos Anunciantes dos Estados Unidos, Michael Palmer: "Dados são brutos, assim como o petróleo cru. É valioso, mas, se não for refinado, não pode realmente ser usado. Têm que

---

1   PDCA: "Plan", "Do", "Check" e "Action". Conceito criado na década de 20, do século passado, pelo físico norte-americano Walter Andrew Shewart, e popularizado especialmente a partir da década de 1950 pelo também norte-americano professor William Edwards Deming, conhecido como guru do gerenciamento de qualidade.

ser transformados para que tenham valor". A explosão de informações e a impossibilidade humana de acompanhar o ritmo das transformações colocam os dados, definitivamente, como elementos centrais no processo de tomada de decisão. Cada vez mais, exige-se uma gestão orientada por dados, que permita análises fundamentadas, profundas, criteriosas e consistentes e aplicáveis ao negócio para, de fato, direcionar as ações e decisões, como mostrarão os exemplos muito bem selecionados pela autora.

Indiscutivelmente, os fatos são o melhor guia para decisões e ações, mas a análise é um "músculo" a ser construído. Como disse Palmer, os dados precisam ser tratados, mas, antes disso, há uma jornada que começa com as pessoas, a cultura da empresa, a estrutura, os processos e a tecnologia.

As diferentes faces dos dados e um único propósito

O modelo organizacional que se consolidou no século passado, a partir de Henry Ford, levou-nos à divisão do trabalho e, consequentemente, a uma maior especialização. Essa iniciativa foi fundamental para aumentar a produtividade. Os efeitos colaterais deste modelo, que destaco aqui, foram a perda da visão do todo (visão sistêmica), o distanciamento dos clientes e cada área das empresas atuando para alcançar suas metas individuais, com seus próprios indicadores. Soma-se, ainda, o desafio de as pessoas de diferentes áreas das empresas entenderem os critérios de cálculo, confiarem que os processos foram bem executados e estarem de acordo com tais métricas e indicadores.

Neste cenário, temos muita informação e muita confusão, especialmente no varejo. É comum cada área de uma empresa varejista ir para uma reunião com o seu próprio indicador de desempenho e a sua "versão da verdade", o que torna corriqueiro desperdiçar tempo em um conflito, na maioria das vezes, improdutivo.

As áreas funcionais, como a de capital humano (ou RH), marketing, expansão, logística e operação de loja, precisam de informações georreferenciadas para entender o fluxo das pessoas e dos produtos para, em seguida, poder atender melhor aos clientes, aos fornecedores e à comunidade. A área de finanças, por exemplo, precisará tomar decisões que combinem com o giro dos produtos, a elasticidade de preço, a massa de margem, a margem percentual, etc. As equipes de Gerenciamento por Categorias (desenvolvimento de categoria) e *Pricing*, por sua vez, terão suas informações específicas, que se "alimentam" de fontes internas e externas. Já a área de Compras precisará de um conjunto de indicadores próprios e de informações de todas as áreas para negociações com seus fornecedores, sejam essas negociações transacionais ou colaborativas. São diferentes necessidades para cada área, mas os dados devem estar em um único repositório, para que se tenha uma única versão dos fatos, em tempo real. A ausência de indicadores únicos e compartilhados gera conflitos e perda do foco do cliente – razão para a existência de qualquer organização.

Foi por isso que este livro, que tenho a honra de introduzir, nasceu. Como afirma Fátima Merlin, é fato que adotar uma gestão orientada por dados traz inúmeros benefícios, como ela mesma destaca:

- Garantir a saúde e a perenidade da empresa;
- Traçar com maior seguridade as estratégias da empresa e seu crescimento;
- Conhecer com maior propriedade o cenário atual e tendências, o mercado, a concorrência, e ser capaz de desdobrar este conhecimento no negócio, selecionando o que, de fato, é relevante;
- Maximizar os resultados: maior produtividade, maior gestão de custos e despesas, maior eficiência e rentabilidade;
- Potencializar o uso dos recursos disponíveis;
- Aumentar a competitividade;
- Conhecer a fundo o cliente e desenvolver ações direcionadas e relevantes;
- Otimizar a operação;
- Direcionar investimentos, entre outros.

É por isso que, de acordo com a *Harvard Business Review*, empresas que tomam decisões orientadas por dados têm maior chance de sucesso e perenidade. No entanto, somente 5% das organizações de varejo qualificam-se como orientadas por dados.

E, em se tratando da gestão do varejo, que visa utilizar um conjunto de técnicas e métodos capazes de contribuir para um melhor planejamento, execução e controle dos recursos empregados no negócio, garantindo a saúde financeira e a perpetuidade da empresa, o uso de dados para a tomada de decisão passa a ser crucial e deve ser empregado nas diferentes áreas e frentes de negócio. Portanto, vale a pena conferir todo o conhecimento apresentado por Fátima Merlin.

Pessoas orientadas por dados

Atribui-se a Albert Einstein a seguinte observação: "O mundo não pode ser mudado sem mudar nosso pensamento".

A *MIT Sloam Review*, uma publicação do Instituto de Tecnologia de Massachusetts, e uma publicação da PwC divulgaram estudos que apontam que a cultura é a maior barreira para o sucesso no uso dos dados. A cultura da empresa é manifestada na estrutura, em processos e na tecnologia, de uma perspectiva mais tangível, e, também, nos exemplos dos líderes relacionados com o que priorizam, na forma como tomam suas decisões.

Uma liderança que toma decisões predominantemente com base na intuição, percepção ou experiência terá maior dificuldade de implementar uma estratégia orientada por dados, que requer uma mudança da cultura, que vai muito além de mudar os processos e as tecnologias.

A mentalidade também é um fator crítico de sucesso. Uma empresa que usa os dados mais para punir do que desenvolver também terá grande chance de fracassar, porque as pessoas, os gestores, poderão manipular os dados. Ser orientado por dados implica confiança na informação e transparência. Ao usar os dados, a liderança descentraliza parte do poder e abre espaço para o questionamento com base em evidências. O foco não deve ser achar culpados, mas, sim, soluções. Neste sentido, é fundamental construir um modelo meritocrático que reconheça o desempenho das pessoas e fortaleça o trabalho em equipe.

O exemplo deve vir da liderança. Isso é vital. A diretoria precisa estar disposta a tomar decisões com base em fatos, em dados. Se a diretoria orgulha-se de tomar decisões apenas intuitivas, com base em opiniões, terá dificuldade em implementar uma cultura orientada por fatos, por dados. E isso será prejudicial ao desempenho da empresa ao longo dos anos.

Nas próximas páginas, Fátima Merlin traz muitas ideias e conteúdos práticos sobre a importância do uso de dados para a tomada de decisão. Ela fala sobre temas como: a importância de se colocar o cliente no centro das decisões; a importância de desenvolver as pessoas para gerarem *insights* a partir dos dados; a relevância de atuar em parceria com os fornecedores de forma colaborativa e, ainda, explica como obter mais eficiência no negócio usando a tecnologia e até mesmo a inteligência artificial para, assim, obter uma visão integrada de diferentes indicadores. Vale a pena conferir e praticar. Usem bem seus dados!

Boa leitura!

Olegário Araújo é cofundador da Inteligência360 e pesquisador do FGVcev – Centro de Excelência em Varejo da FGV/Eaesp

SUMÁRIO

Capítulo 1. **Diferentes dados x Diferentes aplicações**   17
Uma empresa orientada por dados
    Artigo: *Negociação baseada em fatos,*
    dados e estratégias – Bruno Bragancini   39

Capítulo 2. **Por que é tão relevante conhecer**   41
Consumidores e *shoppers*?
Consumidores e *shoppers* no centro das decisões
    Artigo: *E quais seriam os passos para sairmos*
    desta realidade? – Rafael Berardi   45
    Artigo: *Conhecendo o shopper e gerando*
    insights acionáveis – Tatiana Thomaz   50
    Artigo: *O uso da neurociência do consumidor*
    como uma ferramenta estratégica e tática
    do varejo na tomada de decisão –
    Paula Tempelaars   52

Capítulo 3. **Gestão dos Indicadores**   69
Como lidar com um grande volume de dados
    Artigo: *Por que o cadastro é tão relevante? –*
    Ana Carolina Franceschi Simões   77

Capítulo 4. **Inteligência aplicada ao negócio**   81
O crescimento e a relevância das áreas de
Inteligência de Mercado e Inteligência Competitiva
    Artigo: *Por que a área de inteligência*
    é fundamental? – Fabien Datas   83

Capítulo 5.	Os 4 Cs da Indústria e do Varejo: Conectar, Compartilhar, Colaborar e Crescer	97
	Varejo, indústria e *shopper* conectados por meio de um objetivo comum: dados!	
	Artigo: *O papel do trade marketing e o uso da informação para a tomada de decisão –* Tania Zahar Miné	102

Capítulo 6.	**O uso da tecnologia na tomada de decisão**	109
	Como a tecnologia pode ajudar na gestão do varejo?	
	Artigo: *O uso da tecnologia para a tomada de decisão –* Fabio Camparini	112

Capítulo 7.	**Transformando dados em *insigths* acionáveis**	121
	Aplicando conhecimento em ações direcionadas para maximizar resultados	
	Artigo: *Pessoas e o processo de análise e geração de insights –* Maristela Lourenço	128

Capítulo 8.	**Construindo o futuro com sabedoria**	133
	Os protagonistas do amanhã!	
	Artigo: *Os 4 pilares essenciais para manter o diferencial competitivo que o conhecimento por meio da informação oferece-nos –* Claudio Czapski	140
	Artigo: *NRF: 5 insights sobre tecnologia para você ficar antenado –* Caio Camargo	142

| | **Referências** | 146 |

1. DIFERENTES DADOS X DIFERENTES APLICAÇÕES

Uma empresa orientada por dados

Gerenciar um negócio não é algo simples. Realizar uma gestão efetiva, adequada, consistente, que permita à empresa crescer, sobressair-se aos concorrentes e não perecer, menos ainda. E, no varejo, considerando sua dinâmica, com a real necessidade de se tomar decisões estratégicas e táticas a todo o momento e com efeitos diretos em sua performance, influenciados por questões conjunturais, ter uma gestão orientada por dados é algo ainda mais relevante nos dias de hoje. É vital.

Ademais, os diversos aspectos da atualidade, como transformação digital, novas formas de se fazer varejo, novas exigências e necessidades dos consumidores, redução das já "achatadas" margens, sustentabilidade e governança, dentre outros fatores, têm tornado ainda mais complexa e desafiadora a gestão dos negócios varejistas.

Dentro deste contexto, ganha destaque a gestão orientada por dados. Uma gestão que se orienta pela grande quantidade e qualidade de informação – interna e externa – que temos à nossa disposição em nossa organização: análise de mercado, análise da concorrência, orçamentos, dados de cliente, desempenho da equipe, performance de operações, indicadores tributários, contábeis e fiscais.

E, para que seja feita de forma eficiente, é importante ter, além dos dados de qualidade, profissionais qualificados, processos bem estruturados, investimentos em tecnologia, conhecimento sistematizado – sobre as tendências, sobre o mercado, sobre o negócio, sobre os concorrentes, sobre os consumidores e por aí vai.

As nossas decisões definem o sucesso, a perenidade ou o fracasso de nossa empresa. Uma gestão orientada por dados torna-se essencial para reduzir riscos no processo de decisão e contribuir para os melhores resultados possíveis.

Para isso, vamos entender a gestão orientada por dados, com um primeiro exemplo prático. Um caso real (temos muitos bons *cases* neste livro) que acompenhei de perto, o do "Supermercado Tudo de bom".

Gestão orientada por dados na prática:
Supermercado Tudo de Bom[2]

Toda segunda-feira, às 8h em ponto, lá ia ele, sr. Manoel, fundador e CEO da empresa, convocar seus diretores e gestores para a reunião semanal de resultados. O objetivo era discutir o negócio, avaliar resultados, pensar sobre o futuro da empresa e desenhar o plano de ação para possíveis melhorias, correção de rotas, etc.

Por anos, essas reuniões eram pautadas por *"feelings"*, experiências, "o que cada um achava", o que o fulano dizia.

Mas, com o passar do tempo, o acirramento da concorrência e a complexidade do mercado estavam levando o Supermercado Tudo de Bom a perder vendas, clientes e rentabilidade. Por que isso estava ocorrendo?

Para os diretores Comercial e de Operações (irmão e primo do sr. Manoel), a crença era de que a culpa era da concorrência: muita disputa por preços na região, ofertas e promoções de todo tipo – e eles não estavam acompanhando.

Concluindo assim, lá foram eles rebaixar preços, fazer ofertas e mais ofertas. Em meados de 2018, mais de 35% de suas vendas eram de produtos ofertados.

Mas o que mais inquietava o sr. Manoel era que, apesar de tudo isso, as receitas não aumentavam, mais e mais clientes eram perdidos e a rentabilidade – ah, essa estava caindo de maneira exponencial.

Esse foco em ofertas limitava-os a obter capital para investir em novidades, inovações, reformas, expansão e relacionamento com clientes.

Tal cenário estava gerando um sentimento de insegurança e frus-

---

[2] História baseada em caso real – rede varejista do interior, com seis lojas entre 1.800 m² e 3.000 m².

tração no sr. Manoel e um grande receio de que todo o seu esforço pudesse ser em vão.

Após muitas discussões com seus irmãos e familiares, foi aprovada a contratação de um novo diretor financeiro. E eis que Paulo, economista e financista, mestre em Finanças e Marketing, oriundo de empresas 100% orientadas por dados, chega ao Tudo de Bom.

Num primeiro momento, um choque cultural, por resistências: a luta do "feeling", do "sempre foi assim" e "chegamos até aqui" versus o que dizem os dados. Aliás, que dados? São confiáveis? Como são gerados e acessados?

Mas Paulo, com toda a sua habilidade, após o período de integração e o diagnóstico inicial, logo percebeu os desafios pela frente, em especial os culturais, para transformar a empresa da "gestão de feeling" para a "gestão de dados", e, assim, iniciou sua jornada transformadora.

Já na primeira reunião, Paulo trouxe um especialista renomado para uma apresentação sobre a relevância de usar dados para a tomada de decisão e sua aplicação prática, trazendo casos de sucesso no uso de dados e na liderança de equipes, com inúmeras dinâmicas para iniciar o processo de engajamento e conversão do time do Supermercado Tudo de Bom.

Ao final das reuniões, Paulo propunha a cada área que trouxesse para o próximo encontro uma lista com os principais dados que usavam e/ou gostariam de usar, como e onde acessar, sua utilidade (para que serviam) e a aplicação prática.

E assim seguia com sua árdua missão!

Seria cômico se não fosse trágico. Dados? O fato era que o máximo de que as equipes dispunham eram dados de faturamento, vendas em volume, rentabilidade, valor de estoque. O RH detinha os indicadores sobre contratações, turnover e absenteísmo. As demais áreas, nem vou comentar!

Ah, e pasmem: a Contabilidade trouxe um número; o Comercial, outro, totalmente distinto. Como assim, diferentes dados para um mesmo indicador? Cadê a consistência, a unicidade? Acham que isso ocorre apenas com pequenos varejistas?

Ledo engano. Quantas oportunidades são perdidas por falta da cultura de se usar dados para a tomada de decisão, ausência de indicadores precisos e qualidade e integridade dos dados gerados?

Muitas oportunidades!

Vamos dar uma pausa no caso do Tudo de Bom e voltar à gestão orientada por dados.

O primeiro passo é, sem dúvida, determinar quais dados são relevantes e construir indicadores essenciais para avaliar o desempenho atual da empresa, o potencial de crescimento e também descobrir falhas e pontos de melhoria, reduzir custos, melhorar processos, controles, maximizar resultados e garantir decisões mais acertadas.

"A informação é o ativo mais importante nas empresas atuais e precisa de ser gerida do melhor modo possível", afirma Fernando Alfano, diretor de Operações do Tenda Atacado.

Mas não basta apenas "localizar os dados", "acessá-los" e "produzi-los", até porque a cada dia eles estão mais e mais "disponíveis", "acessíveis". Para realizar uma gestão orientada por dados, fazendo uso adequado deles e aproveitando todo o seu potencial, é essencial, assim como o petróleo, "refiná-los", ou seja, "garimpar". É crucial sermos capazes de identificar e selecionar aquilo que, de fato, é relevante.

Feito isso, precisamos ter a capacidade de interpretá-los e analisá-los corretamente, de maneira integrada. Desta forma, transformamos os dados em *insights* acionáveis para apoio à tomada de decisão. Para isso, faz-se necessário dispor de recursos humanos, financeiros, tecnológicos e processos, dentre outros itens – temas estes de que trataremos nos próximos capítulos. Por ora, vamos concentrar-nos nos dados.

Voltemos ao Supermercado
Tudo de Bom:

Após diversas reuniões da diretoria da empresa com Paulo, o novo diretor financeiro, que incluiu encontros contínuos com especialistas de mercado, começou a avaliar e discutir os diferentes indicadores, conceitos e sua aplicação prática, como, por exemplo:

- Indicadores de caixa (financeiros);
- Indicadores de resultado (econômicos);
- Indicadores patrimoniais;
- Indicadores para análise de investimentos operacionais;
- Indicadores para análise de investimentos financeiros;
- Indicadores de produtividade;
- Indicadores de risco;
- Indicadores de gestão de pessoas;
- Indicadores de marketing;
- Indicadores de vendas;
- Indicadores de clientes;
- Indicadores de mercado.

A partir destes encontros, foi unânime o parecer de todos de que uma boa gestão está totalmente correlacionada a uma efetiva e consistente "seleção", além do entendimento e monitoramento de indicadores (qualitativos e quantitativos) e do desdobramento prático destes em decisões efetivas e ações concretas.

Quando os indicadores são acompanhados sistematicamente ao longo do tempo, interpretados corretamente e transformados em análises e conhecimentos aplicáveis, auxiliam as empresas a garantir a concretização do planejamento estratégico, avaliar os possíveis *gaps* e oportunidades perdidas, corrigir rotas nas decisões sobre investimentos e inovações, direcionar suas ações táticas e até antecipar e/ou, por que não, criar desejos e tendências, dentre outros aspectos[3].

Quando falamos em indicadores, as possibilidades são inúmeras e, em se tratando de uma gestão orientada por dados, percorrem todas as áreas, da estratégica à tática. Paulo, juntamente com os especialistas de mercado, apresentou à equipe várias possibilidades de uso de indicadores na gestão orientada por dados e sua aplicação prática.

---

3   Adaptado de Burt e Sparks (1997).

Eles planejaram desde a concepção do propósito, passando pelos indicadores necessários para um bom planejamento estratégico, até indicadores para a gestão do negócio como um todo: expansão, inovações, gestão financeira e controladoria, gestão contábil e tributária, gestão de riscos, inteligência e gestão de marketing, inteligência competitiva, gestão comercial, gerenciamento e desenvolvimento de categoria, gestão de estoque, abastecimento, logística, gestão da operação, prevenção de perdas e quebras, gestão de pessoas, gestão de cliente, etc.

O exemplo do Supermercado Tudo de Bom ilustra bem a necessidade da Gestão Orientada por Dados. E para entender melhor ainda essa importância, destaco três grandes pilares: Indicadores de Vendas, Indicadores Financeiros e Indicadores de Cliente. A seguir, vamos discutir os objetivos e a aplicabilidade de cada um desses pilares.

INDICADORES DE VENDAS

O objetivo da criação de Indicadores de Vendas é atribuir valor ou volume a um montante de vendas de um determinado período, com mensuração do desempenho comercial por diferentes prismas. Com eles, é possível identificar o tamanho da empresa, sua participação no mercado, performance/desempenho e outros aspectos.

1. Faturamento (receita ou vendas)
Indica o montante de vendas auferido em determinado período. Existem o faturamento bruto (receita total) e o líquido (sem impostos ou descontos comerciais).

• Cálculo do faturamento bruto: somatório de todas as receitas auferidas em um determinado período, considerando a venda de produtos, mercadorias, serviços, etc.

• Cálculo do faturamento líquido: faturamento bruto - devoluções, impostos e os descontos comerciais.

Podem ser medidos em valor monetário ou volume. Ademais, no varejo, a partir deste indicador, podemos criar índices de eficiência e produtividade:

• Faturamento por loja;
• Faturamento por *checkout*;
• Faturamento por m^2;
• Faturamento por funcionário.

EFICIÊNCIA	FAT_LOJA	FAT_CKT	FAT_M²	FAT_FUNC
TOTAL 5 MAIORES	78.679.080	5.166.621	30.275	595.020
TOTAL 10 MAIORES	73.143.113	4.832.928	29.497	555.535
TOTAL 20 MAIORES	72.751.866	4.629.928	29.387	518.295
TOTAL 50 MAIORES	40.862.381	4.168.084	29.126	480.506
TOTAL 300 MAIORES	38.018.500	3.761.534	27.700	436.514
TOTAL 500 MAIORES	36.907.167	3.709.073	27.148	432.877

Veja como sua empresa está na comparação com estes indicadores, de acordo com o ranking 2020 da Associação Brasileira de Supermercados (Abras), publicado na revista *SuperHiper*.

2. Market share[4]

Indica a participação de uma determinada empresa, em valor ou volume, no mercado em que ela está inserida.

Acompanhar este indicador ao longo do tempo é de extrema importância, pois mostra se suas ações estão surtindo o efeito desejado, seja em estratégias, táticas, campanhas de marketing ou ações relacionadas ao planejamento estratégico. É uma forma de entender como está o seu desempenho, levando em consideração todo o ecossistema em que você está inserido.

Dependendo de sua participação de mercado, você pode obter vantagens competitivas, como maior poder de negociação com fornecedores e maior credibilidade para acesso a crédito e estabelecimento de parcerias.

---

4 O termo *market share* vem do inglês. Em português, *market* significa mercado e *share*, quota.

Varejo Conectado: Decisões Orientadas por Dados - *Fátima Merlin* **23**

INDICADORES FINANCEIROS

No geral, o objetivo dos Indicadores Financeiros é permitir:
- Conhecer e controlar a saúde financeira da empresa e sua perenidade;
- Antecipar-se e promover mudanças, quando necessário;
- Direcionar, de maneira mais efetiva, o alcance de objetivos e estratégias;
- Melhoria contínua, maximização de resultados e busca de diferenciação no mercado.

Os Indicadores Financeiros estão divididos em quatro grupos: Indicadores de Rentabilidade, Indicadores de Endividamento, Indicadores de Liquidez e Indicadores de Atividades, como veremos a seguir.

I) Indicadores de Rentabilidade

Objetivo: medir a capacidade econômica da empresa, ou seja, o retorno obtido pelo capital investido. Os mais conhecidos e relevantes são:

1. *Giro do ativo*: demonstra a relação entre o capital investido (ativo total) e as vendas líquidas.
Cálculo: vendas líquidas ÷ ativo total.

2. *Margem líquida*: equivale ao valor resultante das vendas após o desconto de todas as despesas e impostos.
Cálculo: (lucro líquido ÷ receita de vendas líquida) x 100.

3. *Retorno sobre o investimento (ROI)*: é a relação entre ganhos/perdas *versus* o valor investido. Mostra o quanto a empresa obteve de lucro líquido para cada real investido.
Cálculo: (lucro líquido ÷ ativo total) x 100.

4. *Margem operacional*: estabelece a porcentagem de cada real de venda restante, descontadas todas as despesas operacionais, exceto o imposto de renda.
Cálculo: (lucro operacional ÷ receita de vendas) x 100.

5. *EBITDA*: é um dos indicadores mais utilizados. Representa o quanto a empresa gera de recursos apenas em suas atividades operacionais (não considera efeitos financeiros, depreciações e amortizações).
Cálculo: lucro operacional líquido + depreciação + amortização.

II - Indicadores de Endividamento (Indicadores de Estrutura de Capital)

Objetivo: demonstram a situação financeira da empresa, considerando o grau de endividamento e a composição desse endividamento, como:

6. *Endividamento* (participação de capital de terceiros): indica o percentual de capital de terceiros em relação ao patrimônio líquido (nível de dependência da empresa em relação aos recursos externos).
Cálculo: passivo circulante + (passivo não circulante ÷ patrimônio líquido).

7. *Composição de endividamento*: mostra o quanto da dívida total da empresa deverá ser paga a curto prazo.
Cálculo: passivo circulante ÷ (passivo circulante ÷ passivo não circulante).

8. *Imobilização do patrimônio líquido*: representa o quanto do patrimônio líquido da empresa está aplicado no ativo permanente.
Cálculo: ativo permanente ÷ patrimônio líquido.

9. *Imobilização dos recursos não correntes*: demonstra o quanto (quais percentuais) de recursos não correntes a empresa aplicou no ativo permanente.
Cálculo: ativo permanente ÷ (patrimônio líquido + passivo não circulante).

III - Indicadores de Liquidez

Assim como os indicadores de endividamento, os indicadores de liquidez também demonstram a situação financeira da empresa, ou seja, sua capacidade de efetuar pagamentos frente às suas obrigações, além de avaliarem sua estrutura de endividamento.

10. *Liquidez Corrente (LC)*: muito utilizada, mede a capacidade de pagamento da empresa em curto prazo. Quando abaixo de 1,0, os ativos de curto prazo (caixa, bancos, aplicações) não são suficientes para cobrir seus passivos de curto prazo (fornecedores, empréstimos, etc.).
Cálculo: ativo circulante ÷ passivo circulante.

11. *Liquidez Imediata (LI)*: mede a capacidade de pagamento imediato da empresa (dinheiro em caixa, bancos e aplicações de liquidez imediata).
Cálculo: disponibilidades ÷ passivo circulante.

12. Índice de Liquidez Seca (LS): é semelhante ao índice de liquidez corrente, sem considerar os estoques da empresa. Atenção: um índice de liquidez seca baixo pode indicar que o volume dos estoques está relativamente elevado, necessitando, para isso, de mais capital de giro.

Cálculo: ativo circulante líquido ÷ passivo circulante, sendo: ativo circulante líquido = ativo circulante - estoques.

13. *Índice de Liquidez Geral (LG)*: mostra a capacidade de pagamento da empresa a longo prazo.

Cálculo: (ativo circulante + ativo não circulante) ÷ (passivo circulante + passivo não circulante).

14. *Capital de Giro Líquido (CGL)*: refere-se ao recurso disponível que permite à empresa realizar suas atividades (funcionar regularmente).

Cálculo: ativo circulante - passivo circulante.

IV - Indicadores de Atividades

Demonstram o tempo médio da empresa para receber suas vendas, pagar suas compras e renovar seus estoques. São eles:

15. *Prazo Médio de Estocagem (PME)*: demonstra a eficiência de gestão dos estoques. Equivale ao período em que o produto permanece armazenado até sua venda.

Cálculo: estoque médio ÷ custo da mercadoria vendida (CMV).

16. *Prazo Médio de Recebimento (PMR)*: demonstra o prazo médio em que a empresa recebe suas vendas.

Cálculo: (duplicatas a vencer ÷ vendas) * 360.

17. *Prazo Médio de Pagamento (PMP)*: é o período médio, em dias, entre a data que determina se a compra foi realizada e o pagamento efetivado.

Cálculo: (pagamento dos fornecedores ÷ valor das compras) * 360.

18. *Necessidade de Capital de Giro (NCG)*: é o valor total mínimo que a empresa precisa ter em caixa.

Cálculo: PMR - PMP.

INDICADORES DE CLIENTE

1. *Tíquete médio em valor:* significa o quanto os clientes gastam, em média, em cada compra.

Para que serve: para adotar estratégias e táticas para otimizar as vendas, com ações direcionadas e personalizadas; ações promocionais – quais tipos são mais eficientes, oferta de produtos complementares, outras linhas, vendas cruzadas (*cross*) e *packs* específicos e até mesmo negociações específicas com fornecedores, dentre outros pontos.

Há duas possibilidades de cálculo: uma pela ótica do *shopper*, no caso de possuirmos uma base de dados de clientes (CRM; painel domiciliar) e a outra de não possuirmos estes dados:

Cálculo 1: desembolso ou gasto realizado ÷ visita ou ocasião de compra.

Em caso de não possuirmos dados de clientes, temos a opção 2: *Cálculo* 2: receita ou venda total ÷ número de tíquetes ou clientes.

2. *Penetração ou conversão (presença em cupom):* há duas avaliações distintas, mas correlacionadas. Dependendo de como for calculada, mede a "presença" de cada item na cesta (cupom) ou a relação entre o número de visitantes na loja *versus* o número de pessoas que concluíram uma compra.

Em resumo, indica a conversão de potenciais clientes em clientes efetivos e/ou o aproveitamento de clientela por cesta, categoria, marca ou item.

Para que serve: permite ao varejista desenvolver ações direcionadas para avaliação e ajuste do mix, desenvolver ações promocionais mais inteligentes (pensar em combos, por exemplo) e analisar a superposição de categorias (adjacências), ou seja, o que é comprado na mesma cesta, para, inclusive, compor *layout* e exposição de produtos e propor vendas casadas.

Mas sua relevância não para por aí. É superrecomendado e utilizado também nos processos de gerenciamento por categoria, pois, juntamente com a frequência de compra, contribui para a construção da matriz para determinar os papéis de cada categoria (destino, rotina, etc.). Contribui, ainda, para o processo de *pricing*, pois, como indica os itens com maior "procura"/"conversão" – relevantes pela ótica do *shopper* –, podem-se incluir os itens destacados neste indicador nas suas pesquisas de preço em concorrentes e, com isso, garantir uma precificação mais adequada em itens sensíveis aos olhos do *shopper*, evitando impactos negativos nos resultados em si e/ou na sua imagem.

Assim como o tíquete médio, o cupom pode e deve ser incorporado nas métricas de avaliação dos colaboradores para criar e/ou reforçar a relevância de se ter o cliente (consumidores e *shoppers*) no centro das decisões.

Cálculo 1: número de vendas ÷ quantidade total de visitantes.

Cálculo 2: número de cupons com presença do item ou da marca ÷ quantidade total de cupons emitidos no período.

3. *Frequência de compra*: indica o número de vezes em que o cliente foi comprar na loja. As análises podem ser total, por cesta de compra, item ou marca.

Para que serve: facilita o planejamento e a periodicidade de promoções, a alocação das equipes e o abastecimento da loja.

Cálculo: para obter este dado, faz-se necessária uma base gerenciável de clientes, por meio das ferramentas de CRM e/ou de pesquisas de mercado.

4. *Índice de recompra*: entende a capacidade de gerar compras recorrentes. É um indicador bem interessante, em especial no varejo. É bom lembrar que uma loja gasta cinco vezes mais para atrair novos clientes com ofertas, tabloides e todo tipo de comunicação do que gastaria se focasse em retenção/recompra.

Para que serve: ajuda a compreender a quantidade de clientes recorrentes e/ou com que frequência novos produtos são vendidos para quem já é cliente – pessoas que compraram pelo menos uma vez na loja.

Cálculo: quantidade de pessoas que voltaram a comprar ÷ quantidade total de compradores.

5. *Taxa de retenção de clientes*: serve para calcular a fidelidade de seus clientes.

Cálculo: $((CF - CN) \div CA) \times 100$, sendo:

CA = clientes atuais;

CN = clientes novos, ganhos no período posterior;

CP = clientes perdidos.

Exemplo: suponhamos que você encerrou 2020 com 100.000 clientes na sua carteira (CA), sendo que, no primeiro trimestre de 2021, por ações diversas, você conquistou mais 30.000 novos clientes (CN), mas perdeu 10.000 nesse mesmo trimestre (CP). Os clientes no final do período (CF) serão 120.000. Aplicando a fórmula, temos: (120.000 - 30.000) ÷ 100.000 = 90% de retenção.

6. *Satisfação dos clientes:* mede o nível de satisfação dos clientes, considerando a qualidade do atendimento e cada uma das etapas de sua jornada de compra e consumo/uso, bem como a eficácia das ações adotadas.

Para que serve: medir e acompanhar o nível de serviço oferecido e a reação do cliente nas entregas, considerando todos os Ps do varejo, como produto, preço, promoção, publicidade, ponto de venda e pessoas.

Cálculo: neste caso, para obter este dado, faz-se necessário realizar pesquisas de mercado. O que não faltam são possibilidades: das metodologias mais tradicionais às mais avançadas, das análises mais básicas às mais complexas e das mais mecânicas às mais tecnológicas.

Uma boa métrica a ser utilizada é o *Net Promoter Score (NPS):* serve para medir o nível de satisfação de seus clientes por meio da probabilidade (notas de 0 a 10) de eles indicarem a sua loja para algum amigo ou familiar.

Os respondentes são segmentados em:
- Promotores: notas 9 ou 10;
- Neutros: 7 ou 8;
- Detratores: 0 a 6.

Cálculo do índice: (total de promotores - total de detratores)/total de respondentes x 100.

Escala de avaliação (referencial):
- Excelente: superior a 75%;
- Muito bom: entre 50% e 75%;
- Bom: entre 0% e 49%;
- Ruim: abaixo de 0%[5].

7. *Custo de aquisição de clientes:* indica quanto, geralmente, gasta-se para a conquista de uma conversão.

Cálculo: custos ligados aos esforços de vendas, marketing e tecnologia ÷ quantidade total de clientes convertidos num mesmo período. Quanto menor for o resultado, maior é a lucratividade alcançada.

---

5   Número de detratores superior ao de promotores.

8. *Valor do tempo de vida do cliente (CLV):* do termo em inglês *Customer Lifetime Value.* Para obtê-lo, você pode utilizar dados históricos ou análises preditivas que consideram o histórico de transações anteriores, bem como indicadores comportamentais.

Cálculo: (tíquete médio × média de compras anual por cliente) × tempo médio de relacionamento.

9. *Receita recorrente mensal:* é uma métrica das mais importantes em todos os negócios, principalmente nos formatos por assinatura, que, no Brasil, já movimentam mais de R$ 1 bilhão.

Cálculo: a maneira mais simples é somar as taxas mensais pagas por cliente.

10. *Churn rate:* mede o percentual de clientes que "abandonaram" a empresa durante um período específico.

Cálculo: total de clientes perdidos num período ÷ total de clientes no início do período.

Especialistas de mercado consideram que este indicador não ultrapasse 7%. Taxas maiores indicam muita insatisfação.

Cansou?

Há muito mais.

O Serviço Brasileiro de Apoio às Micro e Pequenas Empresas (Sebrae) disponibilizou um guia de indicadores com uma linguagem mais "varejês", resumindo 40 dos principais indicadores inseridos no contexto do varejo, mas lembre-se: busque, sempre que possível, e cada vez mais, incorporar indicadores de clientes em suas análises regulares. Sem dúvida, os resultados serão ainda mais consistentes. Confira, a seguir, uma síntese deste guia, levando em conta indicadores por áreas de atuação, qual o objetivo e a periodicidade de cada um.

Área da gestão	Indicadores	Objetivo	Periodicidade
RH	Turnover	Medir a rotatividade de funcionários	Anual
	Absenteísmo	Medir o nível de absenteísmo na empresa	Mensal
	Custo com hora extra	Medir o quanto onera no orçamento de empresa	Mensal
Marketing	Satisfação dos clientes	Medir o grau de satisfação do cliente	Mensal
	Ticket médio	Medir o valor médio de vendas por cliente	Mensal
	Itens por venda	Medir o número médio de itens por venda	Mensal
	Part. vendas por canal	Medir o peso de retorno de cada canal sobre o faturamento total da loja	Mensal
Operacional	Part. das categorias destino no faturamento	Medir a participação de determinadas categorias de destino sobre o fat. total da loja	Mensal
	Distribuição da loja	Medir como está a distribuição da loja na proporção da área de vendas e de estoque	Anual
	Perdas	Medir o quanto há de perdas, por quebra, furto, perecibilidade	Anual
	Nº de fornecedores	Medir a quantidade de fornecedores da loja	Mensal
	Frequência de compras	Medir a quantidade de vezes em que uma compra é realizada em determinado período	Mensal
	Part. das compras por fornecedor	Medir a participação de compras de determinado fornecedor em relação ao volume total de compras (grau de dependência)	Mensal

Área da gestão	Indicadores	Objetivo	Periodicidade
E-commerce	Nº de visitantes	Medir a quantidade de usuários que acessam	Mensal
	Taxa de rejeição	Medir a quant. de usuários que deixam o site logo na primeira página	Mensal
	Taxa de conversão	Medir a proporção de vendas efetivadas em relação ao número de visitas	Mensal
	Carrinho abandonado	Medir o nº de desistências de compra (não efetivação da venda)	Mensal
	Reversa	Medir a quant. de retorno de mercadorias	Mensal
	Conta frete	Medir o custo de frete + custo de log. reversa + tributos	Mensal
	Tempo de vida do pedido	Medir o tempo médio desde o fechamento	Mensal
Financeiro	Faturamento	Medir o volume de vendas brutas	Mensal e Anual
	Faturamento por m^2	Medir o desempenho do faturamento por área útil da loja	Mensal e Anual
	Faturamento por funcionário	Medir o desempenho do faturamento pelo número de funcionários contratados	Mensal e Anual
	Lucro líquido da loja	Medir o resultado operacional da loja	Mensal e Anual
	Lucratividade da loja	Medir o quanto de lucro é auferido do faturamento total da loja	Mensal e Anual
	Rentabilidade da loja	Medir o desempenho do resultado na relação com o montante investido na loja	Mensal e Anual
	Part. de vendas a prazo	Medir a part. das vendas a prazo no faturamento total da loja	Mensal e Anual

Área da gestão	Indicadores	Objetivo	Periodicidade
Financeiro	Part. de vendas à vista	Medir a participação das vendas à vista no faturamento total da loja	Mensal e Anual
	Disponibilidade de caixa	Medir a disponibilidade de recursos em caixa	Mensal e Anual
	Disp. de capital de giro	Medir a disponibilidade de recursos para capital de giro	Mensal e Anual
	Inadimplência	Medir o nível de inadimplência dos clientes com a loja	Mensal e Anual
	Compras à vista	Medir a part. das compras à vista no fat. total da loja	Mensal e Anual
	Compras a prazo	Medir a part. das compras a prazo no fat. total da loja	Mensal e Anual
	Estoque em dias	Medir o tempo de cobertura de um estoque	Mensal e Anual
	Estoque em valor	Medir o valor monetário do estoque	Mensal e Anual
	Giro de estoque	Medir o n° de vezes, durante um período, em que o estoque foi renovado	Mensal e Anual
	Índice de liquidez	Medir a capacidade de pag. da empresa frente a suas obrigações	Mensal e Anual
	Endividamento	Medir a part. do capital de terceiros sobre o valor da empresa	Mensal e Anual
	Margem de contribuição	Medir a contribuição dos lucros das vendas sobre os custos e despesas da loja	Mensal e Anual
	Ponto de equilíbrio	Medir a necessidade empatar as receitas e os custos	Mensal e Anual
	Participação dos impostos	Medir o impacto financeiro da tributação sobre o faturamento total da loja	

Fonte: Adaptado do Guia dos Principais Indicadores aplicados para o Varejo, disponível em https://www.sebraeatende.com.br/system/files/guia_dos_principais_Indic_aplicados_ao_varejo.pdf>.

E o que ocorreu com o Supermercado Tudo de Bom?

Paulo e a equipe do Supermercado Tudo de Bom iniciaram seu processo de criar a cultura de gestão orientada por dados. O primeiro passo foi avaliar o nível de maturidade da empresa no uso de indicadores e trabalhar de maneira integrada para definir a seleção dos essenciais. Claro que cada área possui necessidades específicas, mas uma coisa era certa: todos os dados viriam de uma base única, criada por eles, consistente e precisa.

Deixando o case do Tudo de Bom um pouco de lado (no momento oportuno, voltaremos a ele), agora proponho um desafio para você, leitor! Topa?

A seguir, compartilho um teste aplicado para que, assim como o Supermercado Tudo de Bom, você possa refletir sobre o tema, avaliar em que estágio sua empresa encontra-se e se é de seu interesse ou não evoluir nesta jornada de gestão orientada por dados.

Preencha o quadro ao lado com "X" e avalie o estágio ou a maturidade de sua empresa no processo de gestão orientada por dados.

Caso não possua o indicador em questão ou não o utilize, deixe-o em branco. E, após assinalar, compare sua pontuação com a referência média de mercado.

Estágio de Maturidade no uso de dados para a tomada de decisão

Área da gestão	Indicadores	INTENSI--DADE DE USO (Geração, Acompanhamento, Uso para tomada de decisão considerando RECORRÊNCIA e FREQUÊNCIA)		
		BAIXA	MÉDIA	ALTA
RH	Turnover			
	Absenteísmo			
	Custo hora extra			
MARKETING	Satisfação por clientes			
	Ticket Médio			
	Itens por venda			
	Frequência de compra do cliente			
	Presença em cupom (penetração)			
	ROI			
	Taxa de retenção de clientes			
	Participação das vendas por canal			
OPERACIONAL	Participação das categorias			
	Destino no faturamento distribuição da loja			
	Perdas			
	Número de fornecedores			
	Participação das compras por fornecedor			
E-COMMERCE	Número de visitantes			
	Taxa de rejeição			
	Taxa de conversão			
	Carrinho abandonado			
	Reversa			
	Conta frete			
	Tempo de vida do pedido			
FINANCEIRO	Faturamento			
	Faturamento por m²			
	Faturamento por funcionário			
	Market share: participação de mercado			
	Lucro líquido da loja			
	Lucratividade da loja			
	EBITDA			
	Rentabilidade da loja			
	Participação de vendas a prazo			
	Participação de vendas à vista			
	Disponibilidade de caixa			
	Disponibilidade de capital de giro			
	Inadimplência			
	Compras à vista			
	Compras a prazo			
	Estoque em dias			
	Estoque em valor			
	Giro de estoque			
	Índice de liquidez			
	Endividamento			
	Margem de contribuição			
	Ponto de equilíbrio			
	Participação dos impostos			
Outros	Liste aqui			

Resultados: estágio de maturidade no uso de dados para a tomada de decisão

Identificou mais de 40 indicadores? *Wow!* Parabéns! Neste caso, temos três classificações pelo nível de intensidade de uso:

1. *Data driven 2*: maioria das respostas assinaladas concentradas na coluna alta intensidade (acima de 90%): você é o cara! Mas, como sempre, temos oportunidades de melhorias. Se desejar avançar um pouco mais e tornar-se um *data driven "power"*, ou seja, uma empresa 100% centrada em dados, basta, agora, "aparar as arestas". Identifique as pequenas melhorias necessárias a ser implementadas, quais indicadores podem ser intensificados no uso e na recorrência para suas decisões e vamos lá!

2. *Heavy user*: distribuídos entre média e alta intensidade (entre 70% e 90%): que jornada, hein?! Diria "instigante". Você está quase lá, falta pouco. Já conhece e possui a maioria dos indicadores relevantes. O que falta para ganhar a "estrelinha"? Apenas intensificar o uso destes indicadores na tomada de decisão. Vamos lá? O que é necessário ser feito? Será que tem a ver com a geração de dados em si? Será que você precisa de relatórios mais amigáveis, acesso mais prático e ágil? Será que se trata de hábito mesmo? Ou, ainda, de barreiras culturais? Mãos à obra!

3. Entre *light* e *medium users*: pulverizados entre alta, média e baixa (entre 50% e 70%): o caminho é este. Certo e promissor. Mas sua jornada precisa de um empurrão. E nem se trata da falta de indicadores, hein? Basta apenas acelerar o processo e intensificar o uso de dados nas suas decisões e nas de sua equipe. Investigue quais são as barreiras para o uso mais intenso dos indicadores na tomada de decisão e, ao encontrar as causas, desenhe um plano para inseri-los nos processos e rotinas regulares.

Identificou mais de 30, porém menos de 40 indicadores?
Seu estágio atual é "em desenvolvimento".

Para evoluir e maximizar os resultados de seu negócio, você e sua equipe precisam incorporar urgentemente alguns indicadores relevantes – na lista acima, indiquei apenas aqueles que nenhuma empresa deveria viver sem –, pois podem contribuir para gerar ainda mais resultados: seja na redução de custos, na melhoria da satisfação do cliente, na produtividade, no aumento de vendas e por aí vai. O que falta? Considere quais são estes indicadores-chave ausentes de seu controle, entenda os porquês de serem relevantes, para que servem e como incorporá-los no seu dia a dia.
Tenha clareza dos objetivos e utilidades de cada um, entenda quais as restrições atuais desta incorporação e, a partir daí, cresça e fortaleça-se ainda mais.

Identificou menos de 30 indicadores?

Seu estágio é "a ser desenvolvido". Sinal de alerta!
Você pode estar perdendo grandes oportunidades por falta de dados e indicadores relevantes. Identifique quais são estes e crie um plano de ação vislumbrando processo, tecnologia e pessoas, para que possa, rapidamente, incorporá-los ao seu dia a dia.

Fonte: Connect Shopper.

E então, identificou em que estágio sua empresa encontra-se?

O Supermercado Tudo de Bom tinha menos de 10 indicadores monitorados – vendas, valor, volume, margem, rentabilidade, os dois de RH, os contábeis e os tributários – quando Paulo chegou. Hoje, quase dois anos depois, a equipe orgulha-se em dizer que é *data driven*[6].

"Todas as decisões são pautadas por dados! E contra dados não há argumentos", diz o CEO da rede em questão, que prefere não se identificar, mas aceitou contribuir com seu exemplo.

Mas e você?
Aplicou o teste acima?
Qual foi o seu resultado?

Seja como for, uma coisa é fato e certa: cada vez mais, será necessário e crucial tomar decisões pautadas em dados relevantes, de qualidade e consistentes. Afinal, a qualidade da análise e a inteligência da tomada de decisão em si estão diretamente relacionadas à qualidade do dado que foi coletado, garimpado, selecionado, filtrado, processado.

Neste contexto, nos próximos capítulos, vamos discutir o uso de informações com ênfase em **inteligência de mercado/marketing, inteligência competitiva, o *shopper* no centro das decisões**, dentre outros tópicos.

---

6   *Data driven*: empresas em que os dados são os principais recursos para a tomada de decisão, aperfeiçoamento e sucesso.

Negociação baseada em fatos, dados e estratégias

Por Bruno Bragancini *

Quando falamos do uso de dados, há muitos tipos de informações e de cruzamentos delas para auxiliar a tomada de decisão para, inclusive, definir uma estratégia.

Ao incorporar novos indicadores, como, por exemplo, presença em cupom, penetração, performance por embalagem, performance por preço e dados de *shopper*, saímos daquela velha briga volume-preço e a negociação, agora, é baseada em fatos, dados e estratégia.

A negociação entre comprador e vendedor fica cada vez mais qualificada e técnica.

Usar dados aumenta o nível de profissionalização; eliminam-se o achismo, o amadorismo.

E, com o mercado cada dia mais acirrado e a concorrência vinda de todos os lados e formas, é latente a necessidade de trabalharmos com fatos e dados que permitam melhorar nossos argumentos, organização e planejamento para gerenciar o negócio, inclusive negociar com nossos fornecedores.

*Bruno Bragancini é diretor-geral da Rede Enxuto Supermercados

2. POR QUE É TÃO RELEVANTE CONHECER CONSUMIDORES E *SHOPPERS*?

Consumidores e *Shoppers* no centro das decisões

No capítulo anterior, apresentei os três grandes pilares de macroindicadores da Gestão Orientada por Dados: Indicadores de Vendas, Indicadores Financeiros e Indicadores de Cliente, apontando diversos exemplos dos mais utilizados.

Agora, quero aprofundar a discussão sobre os clientes, destacando a importância de as empresas varejistas e seus fornecedores conhecerem, de fato, seus consumidores e *shoppers*, sua jornada de compras e de consumo, para poderem aplicar este conhecimento e maximizar resultados.

O uso de informações e indicadores de cliente (consumidores e *shoppers*) é crucial tanto para o varejo como para a indústria. A indústria utiliza essas informações desde o planejamento, desenvolvimento de produto e embalagem, passando pelas ações de comunicação, de marketing, de *trade* e de negociação. Já o varejo utiliza essas informações de clientes desde as definições estratégicas e de expansão, na busca de ponto, passando por definição de *layout*, sortimento, *pricing*, promoções, campanhas, exposição, atendimento, personalização das ações por meio de programas de relacionamento (não apenas programas de vantagens ou fidelidade), etc.

Não é de hoje que ouvimos frases como "o consumidor é rei", "cliente tem sempre razão", "consumidores e *shoppers* no centro das decisões". Aliás, que o poder está nas mãos dos consumidores e *shoppers* é fato e é, inclusive, uma tendência mundial. E isso acontece porque, cada vez mais, estamos diante de um mundo de muito mais opções. Esse ambiente competitivo dá aos consumidores mais poder de escolha, seja sobre que produtos e marcas adquirir, em que momento comprar, que tipo de embalagem levar, que loja escolher – física ou virtual, que tipo de experiência quer ter, que nível de serviço exigir e, o que é fundamental, que preços podem e querem pagar. O consumidor do século XXI está, portanto, mais ciente do seu poder de escolha. Ele é mais exigente, mais seletivo, mais conectado, e adotou novos valores que vão além de atributos funcionais (como preço e prazo) na hora de escolher um produto, uma marca, um canal ou um serviço. Pesquisa da *Connect Shopper*, de outubro de 2020, aponta os atributos (não funcionais) mais citados pelos clientes:

- Propósito;
- Responsabilidade social;
- Práticas sustentáveis;
- Veracidade e transparência;
- Colaboração;
- Simplicidade;
- Relevância;
- Empatia;
- Inclusão.

Esta lista demonstra que boa parte dos consumidores e *shoppers* já está bem informada sobre as práticas do capitalismo consciente e passa a valorizar marcas (produtos e lojas) que estão inseridas neste contexto. Para se aprofundar sobre este tema, recomendo a leitura do livro *A estratégia do Varejo sob a ótica do Capitalismo Consciente*, que faz parte desta coleção, escrito pelo amigo e profundo conhecedor deste tema Hugo Bethlem, *chairman* do Instituto Capitalismo Consciente Brasil.

Com os consumidores mais informados e engajados, o consumo ficou ainda mais dinâmico, tornando os mercados mais competitivos. A tecnologia, que se desenvolve rapidamente, torna o mercado mais "comoditizado".

Neste aspecto, para você estar no rol das decisões dos seus clientes e ser escolhido, intensifica-se a necessidade de se praticar verdadeiramente a "shoppercracia", terminologia criada por mim em 2017 e que acabou virando um livro, que tem como objetivo provocar varejistas, indústrias, agências e especialistas a refletir sobre até que ponto, de fato, colocamos o cliente no centro de suas decisões.

Praticar a *"shoppercracia"* exige conhecer os clientes, identificar quem são, suas características sociais e demográficas, estilo de vida, hábitos e comportamento, atitudes, características, valores, crenças, possíveis razões da compra e da não compra, suas diferentes escolhas, etc. – pilares básicos para desenhar estratégias e táticas efetivas para atração, engajamento, conversão e retenção.

Mas o fato é que, na teoria, muito fala-se, promove-se, discute-se; mas, na prática... Ainda há muito a desejar. Um grande caminho a ser desbravado!

Embora em pleno 2021, era do *"Big Data"*, da inteligência artificial, da gestão pelo uso de dados, menos de quatro entre 10 varejistas conhecem a fundo seus clientes e possuem uma base gerenciável e atualizada sobre eles e, menos ainda, aplicam na prática este conhecimento para direcionar suas decisões e ações. Do lado da indústria, não é diferente: apenas 20% possuem estudos completos sobre consumidores e *shoppers.*

Para Rafael Berardi, diretor de Marketing e Categorias do Dia Brasil, no lado da indústria, ao menos das grandes, por não estarem próximas do cliente, seria vital ter uma metodologia de pesquisa e estruturar uma área de atendimento ao consumidor, justamente para não dar voos cegos. Já no varejo, ainda segundo Berardi, embora em alguns casos até exista a área de cliente, o desafio está em dar a devida importância e relevância que esta área possui e desdobrar isso para todos na empresa. Berardi argumenta que, em muitos casos, o varejista detém conhecimento do ponto de venda e tem a sensação de que conhece seu cliente, mas, na prática, não possui um processo estruturado para estudar, entender, conhecer e, muito menos, metodologias e processos para desenvolver isso no negócio.

Apesar desta triste realidade, para Celso Furtado, VP de Negócios e Marketing da Associação Brasileira de Supermercados (Abras), a busca pelo conhecimento do cliente, felizmente, passou a estar mais presente na pauta de muitas empresas.

Para ele, o grande desafio continua em quebrar a cultura de resultado de curto prazo e estabelecer uma iniciativa estratégica empresarial orientada na visão de cliente.

Segundo Furtado, com a implementação desta iniciativa fomentada pela alta liderança, toda empresa passa a desdobrar estratégias de atendimento, relacionamento e interação em diferentes níveis e pontos de contato, tendo, assim, um melhor entendimento do que realmente importa na gestão do cliente, gerando muito mais resultado e informação.

Mas, então, por que o varejo ainda investe pouco na busca deste conhecimento sobre o cliente e no uso destas informações para desenvolver ações mais direcionadas e efetivas? A grande questão é que, para se conhecer o cliente, exigem--se recursos financeiros, tecnológicos, humanos e tempo. Exigem-se também metodologia e processos que vão desde o planejamento à execução de estudos e pesquisas, além de ferramentas para acessar, processar, analisar e disseminar. E, por fim, são necessárias pessoas capacitadas, treinadas, com um profundo crivo analítico para transformar os dados brutos em *insights* acionáveis, perfil este ainda não muito comum no varejo.

O varejo com o cliente no centro das decisões

Rafael Berardi *

O primeiro passo para termos o cliente no centro das decisões é criar uma estrutura de informação. Como são gerados muitos dados, para transformá-los em ações efetivas é necessário um projeto estruturado. Sem ele, nada acontece, e mais: muita coisa perde-se no caminho.

O segundo passo é crucial: ter o cliente no DNA. Parece óbvio, fácil e clichê, mas são tantas coisas ocorrendo ao mesmo tempo, e tudo para ontem, que, mesmo tendo um processo estruturado, uma área/equipe ou mesmo um profissional para gerar os *insights*, é preciso que o foco no cliente e do cliente esteja permeado por toda a empresa, para conseguir um tempo da agenda das áreas e dos executivos para desdobrar este conhecimento em ações práticas.

Ademais, temos duas grandes frentes de atuação:

Análises qualitativas: escuta ativa do cliente – seria toda aquela informação que proprietários, gestores e executivos perdem, à medida que o negócio começa a crescer e exige deles saírem do dia a dia da loja, da operação. Toda essa informação deveria passar a ser substituída por metodologias de pesquisa para "ouvir", "observar" o cliente.

Análises quantitativas: podem vir de pesquisas sindicalizadas, projetos *ad hocs*, estudos e análises de tíquetes, dentre outras fontes. Neste caso, por vezes, temos os desafios do "BI".

O varejo processa tantos dados que não é fácil ter um BI estruturado. E não se tratam apenas de investimentos em tecnologias de ponta, mas também de questões culturais, dentre elas o fato de que algumas empresas ainda não entendem a importância deste conhecimento quando aplicado ao negócio e, ademais, o fato de faltarem pessoas com crivo mais analítico, trazendo inteligência diferenciada.

E, aqui, chamo atenção para um ponto. Existem líderes que buscam este perfil, este tipo de mão de obra mais analítica, mas, ao trazer estes talentos, deparam-se com outros desafios: absorver esta mão de obra e todo o seu potencial e retê-la.

A verdade é que o varejo é uma grande operação de *supply*, comercial e de loja, com uma intensa geração de dados. Com seu uso adequado, temos melhorias incríveis na performance, mas ainda são poucos os varejistas que possuem um processo de informação estruturada para não apenas obter e absorver todo o conteúdo gerado, ou seja, para que possam absorver toda a inteligência que eles próprios produzem, somada às de mercado (fontes externas). E há menos varejistas ainda que possuem um processo estruturado, para desdobrar tal conteúdo para as diferentes áreas e frentes do negócio em ações concretas (planos de ações).

Ou seja, é preciso inteligência de gestão.

O varejista, em geral, precisa entender que, quando sai do chão de loja, acaba perdendo o contato do dia a dia com o cliente. Mas há formas de trazer todo o conhecimento e a ciência do cliente e do consumo com mais rigor, com mais assertividade financeira.

Para isso, precisa-se criar uma plataforma de informação – acessível, disponível e aplicável – como se fosse uma incubadora de todo o cenário de inteligência, que consiga atrair e reter profissionais analistas e incorporá-los ao negócio, gerar análises e *insights* aplicáveis e incorporar no dia a dia das áreas e nas rotinas de todos.

Processo, metodologia, pessoas: tudo conectado. E por onde começar?

Para estruturar uma jornada para o conhecimento do cliente e desdobrar isso na prática, antes de sair fazendo, de comprar ferramentas, de contratar pessoas mais analíticas, de estruturar a área, o passo zero é ter clareza sobre o que se deseja, por que e para que (objetivos e ganhos esperados) e como trabalhar internamente, quais os desdobramentos, o que tais informações poderão aportar (em que frentes ou em que Ps vamos atuar). Por fim, definir metodologias – quali x quanti e, aí sim, construir um processo bem estruturado da coleta à aplicação prática.

Uma vez "pavimentado" o primeiro andar, por onde e como irão trafegar as informações, tudo o que vier posteriormente – tendo a clareza do que se quer, do que será feito, do como – permite maior facilidade e agilidade em filtrar aquilo que é relevante e direcionar as ações. Assim, teremos um motor com uma engrenagem em que novos aportes são muito bem-vindos. Sem isso, não conseguiremos filtrar o que é relevante; não conseguiremos saber o que fazer e para que fazer, e tudo trava.

*Rafael Berardi é diretor de Marketing e Categorias do Dia Brasil

O lado bom: o que não faltam, hoje, são ferramentas e metodologias que nos permitem lidar com a complexidade no entendimento do comportamento do consumidor e do *shopper*, desde os tradicionais métodos de pesquisa, como, por exemplo, entrevistas pessoais, grupos de discussão e observação no ponto de venda às técnicas mais modernas, como o uso da inteligência artificial e do *neuromarketing* (acompanhe artigos a seguir), com o objetivo de obter maior precisão, profundidade e consistência nos estudos de *shopper*, que permitem mais agilidade nas entregas e facilidade nas análises e aplicações. Destaco também o uso do CRM, que deveria ser utilizado como ferramenta estratégica de relacionamento, e não apenas para ativações promocionais.

Quer se aprofundar no tema de CRM? Vale a leitura do livro *O CRM no contexto da ciência do consumo*, de Fernando Gibotti, CEO da GS, que faz parte desta coleção.

Mas voltando ao tema sobre o que é essencial saber sobre consumidores e *shopper*, e para que servem tais informações vamos ao básico essencial:

Ao considerar adotar a gestão orientada por dados em sua empresa, reforço a importância da atenção a alguns conceitos (e indicadores) no que diz respeito a atrair, engajar, converter e reter o cliente. É o que chamamos de Ciclo 5W1H: *who* = quem; *where* = onde; *what* = o quê; *when* = quando; *why* = por quê e *how* = como.

Acompanhe abaixo o que avaliar e a função de cada tópico:

Quem – identificar o cliente-perfil, suas características sociais e demográficas, seu estilo de vida, atitudes no ponto de venda, hábitos, se usuário ou apenas *shopper*, dentre outros dados. Permite explorar segmentos específicos e desenvolver ações direcionadas;

O quê – identificar o que o *shopper* compra (cesta de compras). Permite explorá-la, identificando superposição de categorias e oportunidades de oferecer soluções personalizadas, categorias complementares, realizar "combos" e promoções inteligentes, organizar melhor os setores e as gôndolas, executar ações de *cross-merchandising*, dentre outras;

Quando – identificar o período da semana e do mês, bem como os horários em que o *shopper* realiza suas compras. Permite aprimorar os processos de abastecimento/distribuição, garantir disponibilidade do produto e/ou da marca desejada, minimizar rupturas, desenvolver ações promocionais, alocar melhor a mão de obra para atendimento, etc.;

Os porquês e nãos – identificar as possíveis razões de compra e não compra e das escolhas. Permite identificar que atributos/ estímulos influenciam a compra e as decisões, os critérios de escolha do canal/loja (variedade, localização, preço/promoção, etc.) e os critérios para escolha do produto/marca (preço, exposição, embalagem, etc.), para não apenas atrair, mas converter, reter e explorar melhor o gasto com sua empresa/loja;

Como – identificar como os clientes comportam-se quando vão às compras, considerando cada uma das etapas de sua jornada de compra. Identificar frequência, presença em cupom (penetração), tíquete médio (gasto por ocasião), unidade por ocasião, compra média, diferentes ocasiões de compra e/ou consumo, tipo de compra (planejada ou não) e hierarquia de decisão (árvore de decisão), que versa sobre a maneira como as pessoas compram e decidem suas compras. Cada categoria, uma hierarquia.

Sem possuir este conhecimento sobre os clientes (quem, quando, etc.), a empresa varejista pode incorrer em inúmeros equívocos, como: promoções desnecessárias – de acordo com a SA Varejo, 23% do volume vendido em promoção seria comercializado mesmo sem desconto –, perda de clientes, etc. Se seu cliente é do tipo que busca agilidade, praticidade, rapidez e chega à sua loja e ela está abarrotada por conta de muitas promoções, com filas enormes, não tenha dúvida: ele vai desistir da compra, entre outros.

O fato é que somente a partir deste conhecimento – integrando diferentes fontes e dados – é possível gerar *insights* relevantes e acionáveis para estabelecer ações diferenciadas e direcionadas e influenciar positivamente o *shopper* a favor da marca e da loja.

Veja o que diz Fernanda Dalben, diretora de Marketing da Rede Dalben Supermercados: "Como, normalmente, na maioria das empresas, a inteligência de dados, sobretudo os relacionados a dados de cliente, CRM, estudos e pesquisas de mercado sobre *shopper* estão sob o guarda-chuva do marketing, brinco que o marketing é o 'matemarketing'. Não é possível, principalmente nos dias de hoje, tomar decisões sem olhar para o comportamento de nossos consumidores. E esse é o futuro! Com recursos cada vez mais escassos e um consumidor mais exigente, com muito mais opções e fácil acesso, sobretudo nesta área da digitalização, precisamos ser muito assertivos para nos diferenciar e termos relevância. E isso somente é possível com conhecimento e uso adequado para criar relacionamento com este cliente".

Vamos acompanhar o que diz Tatiana Thomaz, CEO da Shopper Centric, uma das maiores especialistas no tema de conhecimento e *insights* sobre o *shopper*, parceira do *Insights* em Ação, em seu artigo exclusivo para esta obra. Na sequência, vejam outro artigo exclusivo, de Paula Tempelaars, sobre o uso da neurociência, uma grande tendência da atualidade.

Conhecendo o shopper e gerando insights acionáveis

Tatiana Thomaz [*]

Vivemos um momento de incertezas e grandes e constantes mudanças no comportamento de compra do *shopper*, o que exige das empresas varejistas agilidade na tomada de decisão. Mas, para isso, o correto uso de informações torna-se cada vez mais fundamental. Não há espaço para decisões focadas no que já funcionou no passado, pois os atributos de escolha de uma loja, seja ela física ou digital, mudaram e o conhecimento do *shopper* é essencial para atender corretamente às suas necessidades atuais e buscar diferenciação frente à concorrência.

Para entender realmente o comportamento do *shopper*, é necessário saber como funciona o cérebro humano. A neurociência comprova que 95% das nossas escolhas são feitas em nível subconsciente e, sendo assim, entender o que motiva o *shopper* a tomar a decisão de compra é um desafio.

Partindo deste fato, boa parte das informações que coletamos via pesquisas quantitativas com questionários estruturados ou grupos focais trazem-nos informações declaradas pelo *shopper*, o que ele pensa ou sente sobre ou o que ele pensa que faz, que são muito relevantes para extrairmos referências básicas, conforme Fátima já bem relatou anteriormente (quem, o que, quando, como, onde). Mas, as necessidades de conhecimento não param por aqui. É necessário entender o fluxo de *shoppers* na loja (física ou digital), sua navegação, quais são os pontos quentes e frios, o nível de interação com a categoria e com as marcas, a duração da compra e o nível de conversão. Estas informações podem ser obtidas por meio de diferentes metodologias, desde observação em loja, *shopper "shadowing"*, filmagens nos corredores e gôndolas até as mais sofisticadas, como o *neuromarketing* através das ferramentas de *eye tracking, webcams* com codificação facial, utilização de eletrodos em eletroencefalograma (EEG) e ressonância magnética (RM).

Destaco também a relevância em se conhecer a árvore de decisão de compra, que sinaliza qual é o *ranking* dos atributos que o *shopper* considera importantes quando está escolhendo um produto, informações estas que podem ser obtidas por meio de algumas metodologias ou fontes de informação, como compra acompanhada, entrevistas em *central location*, entrevistas na saída da loja e pesquisas *on-line*, além de painéis de lares e da base de dados de clientes do varejista (CRM).

Com relação ao CRM, gostaria de abrir um parêntese e salientar o significado da sigla: C *(Customer)*/R *(Relantionship)*/M *(Management)*, ou seja, gerenciamento do relacionamento com seu cliente.

Parece óbvio o que digo, mas, infelizmente, muitas empresas, por desconhecerem por completo o seu cliente (*shopper*), acabam trabalhando seu relacionamento com ele de forma totalmente equivocada, ofertando categorias e produtos que não possuem nenhuma aderência ao seu perfil de compra. Para contextualizar, gostaria de citar dois exemplos: recebo, semanalmente, ofertas de fraldas descartáveis de uma grande rede varejista de farmácias e, na mesma frequência, de um grande varejista alimentar, ofertas de cervejas. Gostaria de pontuar que não gosto de cerveja, portanto, jamais comprei nem neste varejista nem em nenhum outro, e minha filha acaba de tornar-se universitária, deixou as fraldas há 15 anos. O que faço com estes e-mails semanais? Deleto. Isso é muito ruim pela ótica do cliente, pois gera um esforço desnecessário, além de passar uma imagem de empresa desorganizada e desconectada com seu *shopper*.

Portanto, muito cuidado com a ferramenta de CRM, extremamente rica e eficaz se bem analisada e trabalhada.

Realizei muitos estudos de *shopper* durante a minha vida corporativa e o que é muito importante é a granularidade, ou seja, o estudo deverá ser desenhado e executado por categoria, canal/ambiente de varejo, região, perfil de *shopper* e, dependendo da categoria, deve-se separar ponto natural de ponto extra e de *checkout*, o que acaba encarecendo e, muitas vezes, impossibilitando a realização destes estudos. O que fazer nesta situação? Ficar sem *insight* nenhum de *shopper*? Calma, existem formas de se obter *insights* para empresas com *budget* reduzido ou inexistente! Comece por uma *desk research* com as informações que possui de painéis como Nielsen, Kantar e Neogrid, além de relatórios gratuitos de estudos realizados por institutos de pesquisa e associações; observe seu *shopper* no ponto de venda, converse com ele, converse também com as equipes com quem tem contato direto, tais como vendedores, promotores, demonstradoras, e consulte o SAC da sua empresa.

Com esse compilado de informações, torna-se possível o cruzamento delas e a geração de *insights* valiosos. O importante, para direcionar ações eficazes, é conhecer o seu *shopper*!

*Tatiana Thomaz é CEO da Shopper Centric e professora na Escola Superior de Propaganda e Marketing (ESPM), com especialização em Neuromarketing e Ciência do Shopper

O uso da neurociência do consumidor como uma ferramenta estratégica e tática do varejo na tomada de decisão

Paula Tempelaars *

"Se eu tivesse perguntado às pessoas o que elas queriam, elas teriam dito cavalos mais rápidos."

Esta citação é, supostamente, atribuída a Henry Ford, fundador da empresa Ford, que revolucionou a indústria automobilística americana. Há quem diga que, apesar de seu pensamento inovador, ele nunca chegou a dizer isso. Sendo dele ou não a frase, o importante aqui é a mensagem de que, muitas vezes, os consumidores não sabem exatamente o que querem ou não são capazes de expressar com palavras seus reais desejos e necessidades.

Se trouxermos isso para o contexto atual, verificamos que, cada vez mais, vem se tornando primordial para o varejo o entendimento profundo das necessidades e dos desejos dos consumidores. Várias empresas, atualmente, compreendem essa necessidade e buscam realizar pesquisas de mercado, grupos focais e outros métodos de pesquisa tradicionais que ajudam a entender as percepções conscientes dos consumidores, mas que resultariam apenas em "cavalos mais rápidos". Essa frase é extremamente representativa da situação das empresas com relação aos consumidores porque, muitas vezes, eles realmente não sabem o que querem ou não conseguem verbalizar suas reais necessidades, enquanto as empresas gastam quantidades enormes de dinheiro tentando entender o comportamento do consumidor, usando métodos que acabam não gerando resultados e não ajudando a entender o que realmente o impulsiona e o motiva a comprar. E é aí que entram a neurociência do consumidor e o "neuromarketing".

Mas o que é o "neuromarketing", afinal? De acordo com o renomado neurocientista e fundador da empresa Neurons Inc., dr. Thomas Ramsøy (2015), "o neuromarketing é o uso das ferramentas e dos insights da neurociência para melhor entender, medir e influenciar o engajamento e as escolhas dos consumidores". A neurociência aplicada ajuda-nos a entender o que os consumidores querem, o que os motiva, o que os emociona e o que impulsiona seu processo de tomada de decisão no âmbito inconsciente.

E por que no aspecto inconsciente? Em seu livro best-seller

Thinking fast and slow, o ganhador do Prêmio Nobel de Ciências Econômicas Daniel Kahneman explica-nos que existem dois sistemas distintos de pensamento: o Sistema 1, que é o pensamento da mente inconsciente, rápido, automático, que adivinha e completa informações, e o Sistema 2, que é, por outro lado, o pensamento consciente, lento, que exige muito mais esforço. Não só ele, como vários outros pesquisadores foram mais além e puderam constatar que as decisões de compra, bem como todas as outras escolhas humanas, não são, necessariamente, racionais e que, pelo contrário, tendem a depender muito mais de respostas inconscientes e emocionais do Sistema 1. Na realidade, o Sistema 1 é o responsável por 95% da tomada de decisões.

Os métodos tradicionais de pesquisa conseguem apenas obter respostas conscientes elaboradas pelo Sistema 2, e por isso acabam sendo insuficientes quando se trata de melhorar o entendimento que as empresas do varejo têm sobre os segmentos de mercado que querem atingir. Isso acontece porque os seres humanos funcionam várias vezes no "piloto automático"; agimos em resposta a determinados vieses cognitivos e não temos consciência dos processos inconscientes que conduzem nossa tomada de decisão. Não estou dizendo que esse tipo de pesquisa não é válido, mas, sim, que se faz necessário combinar as duas técnicas para obter um entendimento real dos verdadeiros motivadores das escolhas e decisões dos consumidores.

A neurociência do consumidor e os estudos de neuromarketing entram, então, como uma ferramenta estratégica e tática para maximizar o entendimento das necessidades dos clientes e exponenciar resultados de vendas a curto e a longo prazo.

As aplicações dos estudos de neurociência do consumidor são diversas e extremamente amplas. Com uma pequena amostra de 30 participantes recrutados por segmento de mercado, é possível obter os mais diversos *insights* sobre a motivação e a preferência desse segmento, e inclusive predizer o comportamento desse grupo em nível geral. O que isso significa é que, enquanto antes tínhamos que depender somente das pesquisas de mercado tradicionais e de grupos focais para saber como os consumidores sentiam-se, agora podemos realmente ver o que eles sentem, segundo a segundo, no exato momento em que estão utilizando um produto, assistindo a um anúncio na TV, navegando em suas próprias redes sociais e até mesmo quando estão fazendo compras em uma loja física ou virtual.

Por meio da realização desse tipo de estudos, é possível entender o que está funcionando bem e o que teria que ser melhorado na jornada de compra. Em termos práticos, podem-se analisar campanhas de marketing, sinalização dentro da loja, elementos específicos do PDV, etiquetas de preço, posicionamento de produtos nas prateleiras, inserção de marcas próprias, embalagens e vários outros elementos que influenciam diretamente a percepção que os consumidores têm da loja e dos produtos e que, consequentemente, afetam a tomada de decisão sobre o que comprar e o quanto pagar.

Na Neurons Inc., uma empresa de neurociência do consumidor, já realizamos vários estudos em diversos lugares do mundo onde conseguimos captar *insights* de grande valor para as empresas. Fizemos para a Lowe's Home Improvement, por exemplo, um estudo para verificar o efeito dos anúncios de promoção de marcas na escolha que os consumidores faziam dentro de uma das lojas.

Para este estudo, foi feito o recrutamento de participantes que foram, então, designados aleatoriamente a um de três grupos (Grupo 1, Grupo 2 e Grupo de Controle). A metodologia envolvia a realização de diversas tarefas. Uma delas consistia em ver diferentes anúncios publicitários. Todos os grupos de participantes assistiram aos mesmos anúncios, com a seguinte alteração: o Grupo 1 viu um anúncio de 15 segundos da tinta Valspar e o Grupo 2 viu uma versão de 30 segundos do mesmo anúncio. O Grupo de Controle viu todos os outros anúncios, exceto o anúncio da Valspar.

Após as exposições aos anúncios, os participantes foram levados à loja da Lowe's. Lá, eles receberam uma lista de compras com cinco itens, sendo que "tinta" era um dos produtos a serem adquiridos. Cada participante recebeu uma quantia para realizar as compras e fez esse processo sozinho (utilizando o *eye tracking* móvel e o eletroencefalograma). A primeira questão foi testar se os participantes prestariam mais atenção aos produtos da Valspar se tivessem sido expostos ao anúncio da empresa. Neste caso, as diferenças foram impressionantes: os participantes expostos a qualquer um dos anúncios da Valspar exploraram muito mais as prateleiras e os produtos dessa marca.

Uma segunda questão era se a exposição prévia ao anúncio estaria relacionada a uma mudança nas respostas emocionais dos participantes. Neste caso, descobrimos que quando os participantes expostos aos anúncios Valspar viram as tintas dessa marca, mostraram uma resposta emocional muito maior aos produtos. Esta resposta estava relacionada à valência emocional ou mesmo à motivação em relação ao produto. Tal alteração emocional não foi encontrada para produtos de outras empresas.

Embora as respostas tenham sido estatisticamente diferentes, também houve uma diferença qualitativa nas pontuações. Nos grupos de exposição de anúncios, os produtos Valspar produziram uma resposta emocional positiva, enquanto no Grupo de Controle as respostas emocionais foram, em sua maioria, neutras.

Esses resultados emocionais mostram que a exposição anterior ao anúncio teve um impacto positivo nas emoções dos participantes dentro da loja.

A última questão era saber se esse impacto mostrava-se como uma mudança no comportamento de compra dos participantes. E, de fato, quando olhamos para as escolhas de tinta dos consumidores na loja, existiu uma diferença dramática entre os grupos. Embora tenha havido um aumento notável nas compras dos grupos que viram o anúncio em comparação com o Grupo de Controle, também descobrimos que a duração do anúncio teve um impacto significativo: 92% dos participantes expostos à versão mais longa do anúncio (30 segundos) escolheram os produtos Valspar; já dos que viram o anúncio relativamente mais curto (15 segundos), 84% escolheram a marca. Comparando com somente 71% dos participantes que não viram o anúncio da Valspar e escolheram suas tintas, foi possível concluir que a exposição ao anúncio levou a um aumento de 13% e 21% nas vendas do produto dessa marca.

Outro fato interessante: foi feita uma entrevista pós-compra em que perguntamos às pessoas por que escolheram os produtos. Cada participante tinha sua própria história. Para aprofundar isso, perguntamos se eles se lembravam de ter visto algum anúncio de tinta e a maioria das pessoas respondeu que não se lembrava do anúncio da Valspar. Em um segundo momento, revelamos que tínhamos mostrado intencionalmente o anúncio da Valspar (para aqueles que viram o anúncio) e perguntamos se eles se lembraram do anúncio e se achavam que sua escolha tinha sido afetada por ele. E, de fato, sim: eles se lembravam do anúncio, mas argumentaram que não tinham sido afetados por ele e que a escolha tinha sido deles próprios, por diversos motivos que nos foram explicados.

No fim das contas, este estudo serviu para comprovar que a exposição ao anúncio não apenas teve um forte efeito sobre os consumidores que visitavam a loja, mas também foi verificado que a influência desses anúncios na decisão de compra também passou completamente despercebida pelos participantes.

Os resultados desse tipo de pesquisa ajudam as empresas a tomar diversos tipos de decisões orientadas por dados e *insights* que podem ser obtidos e que são preditivos do comportamento de determinados grupos-alvo selecionados para o estudo. Foi fácil perceber, no estudo da Lowe's-Valspar, que a melhor estratégia seria o anúncio publicitário de 30 segundos e que isso resultaria em um aumento considerável da porcentagem de vendas do produto em questão.

Outro exemplo interessante foi uma pesquisa realizada em Dubai, para a Majid Al Futtaim. Essa empresa possui e opera shopping centers, lojas do varejo e estabelecimentos de lazer em várias localidades. Não foi um estudo feito diretamente para entender as preferências de consumidores em um ambiente do varejo *per se*, mas é um exemplo de como a neurociência pode ajudar a interpretar melhor as preferências reais e a motivação dos consumidores a comprar.

O propósito do estudo foi exatamente entender qual seria a maneira mais apropriada de criar espaços de trabalho, moradia e lazer que estivessem de acordo com as preferências reais dos clientes, por meio da percepção de respostas e *insights* inconscientes e sem vieses cognitivos. A empresa tinha essa demanda porque percebeu que os estudos tradicionais por meio de questionários não refletiam a maneira como as pessoas realmente sentiam-se, pensavam e faziam escolhas.

Para esse estudo, foi avaliada, então, a resposta emocional e cognitiva dos participantes a experiências arquitetônicas. Foram selecionados 31 participantes, que foram expostos a diferentes imagens e conceitos que representavam moradias. O objetivo principal da empresa era entender melhor como as pessoas responderiam a diferentes tipos de espaços, além da análise de quais elementos captavam a atenção e como seriam as respostas emocionais e cognitivas. Além disso, foram avaliadas associações que essas pessoas faziam com relação a diferentes tipos de espaço.

Foi constatada uma distinção clara entre respostas conscientes e inconscientes. Por exemplo, quando solicitados, os participantes respondiam constantemente que gostavam de ambientes vibrantes com interações sociais altamente ativas. No entanto, ao analisar a atividade cerebral subconsciente, descobrimos que atividades humanas simples e cotidianas têm um impacto mais positivo e duradouro na mente das pessoas.

Além disso, foi possível descobrir alguns elementos-chave que impulsionaram o envolvimento emocional, tais como espaços com atividade humana, vegetação, elementos artísticos e cores vibrantes. À luz disso, o estudo realizado para a Majid Al Futtaim mostra claramente como a neurociência do consumidor pode ajudar a resolver questões mais profundas para identificar quais elementos são importantes para garantir respostas ideais dos clientes aos espaços residenciais e de convivência.

"O estudo ajudou-nos a identificar elementos cruciais que contribuem para comunidades felizes e saudáveis e tornou-se um modelo de como devemos trazer nossa oferta integrada de varejo, lazer e entretenimento para projetar destinos de uso misto que agregam valor holístico aos moradores e comunidades vizinhas", declarou Hawazen Esber, diretor executivo da Majid Al Futtaim Communities.

E isso não é coisa do futuro. Estudos neurocientíficos de qualidade já podem ser realizados com custos muito mais acessíveis aqui no Brasil. O importante é saber diferenciar empresas que usam indevidamente teorias e métodos que dizem ser neurocientíficos, mas que não têm validação nenhuma e que, além de serem inconsistentes, muitas vezes nem sequer utilizam equipamentos confiáveis – quando utilizam algum equipamento. É importante sempre verificar que a empresa escolhida trabalhe com equipamentos e equipe de qualidade e apenas com métodos e métricas documentados cientificamente em revistas e publicações científicas de primeira linha e reconhecidas internacionalmente.

Para resumir, com os avanços tecnológicos recentes e a evolução dos conhecimentos sobre o cérebro, estamos em um momento em que podemos realmente ler, medir, avaliar e predizer as respostas inconscientes dos consumidores a qualquer ambiente de varejo, seja ele físico ou virtual. Podemos saber se as pessoas gostarão ou não de um produto ou da experiência em si para depois poder otimizar certos elementos e fazer com que a jornada do cliente seja melhor e mais proveitosa para ele e para os donos das empresas.

É uma situação ganha-ganha, que possibilita que o varejo ofereça ao seu cliente o que ele necessita e quer comprar de acordo com suas características e com o que deseja, para não entregar aos clientes cavalos mais rápidos quando o que eles realmente necessitam são automóveis.

De acordo com o "Princípio de Pareto", em média, 20% dos clientes respondem por mais de 80% dos nossos negócios (vendas, lucros). Dentro deste conceito, e de que nossos recursos são limitados, devemos priorizar nossas ações para aqueles clientes mais relevantes que merecem uma atenção priorizada. Daí a relevância de segmentá-los.

A arte de segmentar: não podemos fazer tudo para todos!

* Paula Tempelaars é Head of lab
da Neurons Inc. Brazil

Cada um de nós é único e, cada vez mais, quer ser atendido de maneira diferenciada, personalizada, singular. Queremos ser encantados. Portanto, o grande desafio é tratar clientes diferentes de maneiras diferentes e de acordo com suas necessidades e características, o que torna imprescindível segmentar a base deles.

Podemos segmentar nossos clientes levando em consideração diversos aspectos individualmente e, até mesmo, conjuntamente, a saber:

a) Características sociodemográficas;
b) Estilo de vida;
c) Hábitos de compra;
d) Atitudes;
e) Missões de compra: consumo imediato ou urgência; necessidade específica, conveniência, ocasiões especiais; reposição; abastecimento ou despensa.

Cada grupo possui suas particularidades em relação a produtos, embalagens, marcas e canais e, portanto, exige estratégias e táticas específicas.

EXEMPLO DE SEGMENTAÇÃO POR VALOR GASTO E RECORRÊNCIA

Rede varejista, localizada na Grande São Paulo, por meio de pesquisa, identificou quatro segmentos de clientes, como segue:

Grupo 1 - *Heavy user*: clientes de maior valor, com alta frequência e alto tíquete.
• 23% dos clientes respondiam por 68% do lucro.
• Tática: ações para manutenção, retenção – desenvolver ações de relacionamento contínuo.

Grupo 2 - *Medium user*: clientes de alto potencial; têm seu valor, mas uma baixa frequência.
• 30% dos clientes respondem por 22% do lucro.
• Tática: ações para aumentar a frequência – desenvolver atividades especiais e uma política de relacionamento e atendimento diferenciado para estimulá-los a vir mais vezes à loja.

Grupo 3 - *Light user*: clientes ocasionais, com baixo tíquete e frequência.
- 40% dos clientes respondendo por 9% do lucro.
- Tática: ações pontuais para aumentar o tíquete – desenvolver ações explorando combos, soluções.

Grupo 4: "Oportunistas": clientes ocasionais, vinham apenas em busca de ofertas, uma vez a cada dois meses, sem perspectiva de melhora.
- 7% dos clientes respondendo por 1% do lucro.
- Tática: manter atendimento normal. Sem esforço extra.

Isso não significa que os clientes do Grupo 4 devem ser esquecidos, porém não devemos direcionar esforços e/ou implementar ações especiais para eles.

Mas é claro que as segmentações não param por aí; é possível segmentar os clientes considerando uma mistura de variáveis e ampliar o leque analítico.

Bem, uma vez conhecidos os consumidores e *shoppers*, a próxima fase é entender sua jornada de compra e consumo.

Segundo a Kantar WorldPanel, definitivamente, é necessário um olhar integrado e as etapas vão desde o conhecimento à compra/conversão, finalizando com a lealdade.

A jornada de compra do shopper e do consumidor

Conforme comentamos, para desenvolver ações mais efetivas e inspirar o cliente a escolher a nossa loja, seja no ambiente físico ou virtual, comprar e, depois, continuar comprando (produtos e marcas), é imprescindível conhecer cada etapa de sua jornada de compra e consumo.

Com a transformação digital, a experiência do consumidor tornou-se muito mais complexa. Isso ocorre porque a tecnologia mudou a forma como as pessoas buscam informações sobre produtos e serviços, como se relacionam com as marcas e lojas, como compram.

Cada vez mais, o consumidor espera por uma experiência integrada *(on & off)*, prática, resolutiva, por conseguir informações a qualquer hora e em qualquer local, e demanda um relacionamento contínuo, especial e personalizado com as empresas. Isso exige das companhias mais do que ter informações sobre intenções, necessidades, perfis e comportamentos; exige interpretar esses dados corretamente e, baseando-se neles, tomar as melhores decisões em cada etapa da jornada de compra e consumo, que devem ser avaliadas de maneira integrada.

Estes fatores reforçam ainda mais a necessidade de uma gestão orientada por dados.

AS ETAPAS DA JORNADA DE COMPRA E CONSUMO (VISÃO INTEGRADA ON & OFF)[7]

Gerar conhecimento

O primeiro passo da jornada de compra e consumo ocorre antes mesmo da escolha do canal/loja.

É o momento em que o cliente (em casa, na rua, no trabalho) identifica uma necessidade, inicia seu processo de busca por informações, toma conhecimento do produto/da marca e vai decidir qual o/a melhor canal/loja para satisfazer tal necessidade.

Da necessidade deriva-se a definição de uma missão de compra específica, que pode ser para reposição de algo que faltou, abastecimento regular, compra emergencial ou, ainda, necessidade específica, como, por exemplo, realizar a compra para um jantar com amigos, um presente de última hora, dentre outros exemplos.

A missão de compra é de extrema importância, já que impacta diretamente e define as escolhas e decisões do canal, bandeira e loja. As opções podem ser lojas físicas tradicionais ou canais digitais ou uma combinação de ambos – de acordo com estatísticas de mer-

---

[7] Fonte: Adaptado livro "Shoppercracia", capítulos 5 e 6 (2017).

cado, mais de 85% dos *shoppers* optam por três ou mais canais para se abastecer.

Hoje, contamos com inúmeras ferramentas e possibilidades de estímulos de marketing e comunicação para gerar conhecimento/desejo, de simples ações de comunicação, como por meio de mídias tradicionais, TV, rádio, revistas e malas diretas, ao uso das mídias digitais – e-mail marketing, SMS, redes sociais e todos os aplicativos disponíveis.

O grande desafio é decidir que ferramenta usar, em que momento, como e o que comunicar, para que se transmita o que, de fato, seja relevante ao cliente.

Atrair a atenção do cliente

Já de posse das informações e tomada a decisão de onde comprar, entramos no segundo passo da jornada: atrair a atenção do cliente, dentro do ponto de venda (PDV), que pode ser nos ambientes físicos ou digitais.

Esta etapa tem a ver com o desenvolvimento de ações para chamar a atenção do *shopper*, facilitando seu navegar, seu processo de escolha, de compra e de decisão.

Consideramos, nesta etapa, o *layout*, a ambientação, a comunicação 360°, os equipamentos e, sobretudo, o sortimento, seja no ambiente digital ou físico (*on* ou *off*).

Segundo estudo da *Connect Shopper*, 60% dos resultados de um varejista estão diretamente correlacionados ao mix ideal.

Engajar o cliente

Seguindo para a próxima etapa da jornada do cliente, para engajá-lo, ou seja, estimulá-lo a comprar, é necessário desenvolver ações capazes de estabelecer vínculos ou conexões emocionais.

Aqui, podemos explorar todos os recursos e ferramentas de marketing e *merchandising* (sejam lojas físicas ou virtuais): uso de imagens, sons, iluminação diferenciada, aromas e estímulos sensoriais, além das ações de experimentação e amostra grátis, que permitem ao *shopper provar* o produto em si.

Cada vez mais, é necessário fornecer informações úteis, consistentes, que, de fato, facilitem o processo de compra e decisão do cliente.

Pesquisas recentes mostram que mais de 30% dos *shoppers* afirmam buscar informações sobre uso, benefícios e economia. Com o surgimento da pandemia do Coronavírus no Brasil, em março de 2020, essa busca por informação intensificou-se. Segundo o estudo *Consumidor 2020*, da Connect Shopper, "o *shopper* quer uma compra prática, rápida, resolutiva, num local onde ele possa entrar e sair rapidamente, encontrando facilmente o que foi buscar, com segurança".

Conversão do cliente

Bem, agora que o *shopper* já foi envolvido, é chegada a hora de "persuadi-lo", ou seja, inspirá-lo a colocar o produto no carrinho/ na cesta. Diante das inúmeras opções, ficou mais complexo converter o cliente. Temos muitos exemplos de varejistas cuja taxa de conversão é inferior a 30%. Para muitos deles, este indicador é tão importante de ser acompanhado, como o *"share"* (participação de mercado) e já vem sendo considerado nas metas de seus executivos.

Para converter, de fato, clientes para sua loja e/ou marca, torna-se imprescindível entender toda a dinâmica do *shopper*, a ocasião de uso/consumo e como decidem/escolhem um determinado produto – se é por marca, sabor, preço, embalagem, ou seja, qual a árvore de decisão dele. É justamente a árvore de decisão que, aliada às estratégias da categoria, em termos de informação, deve ser a base para a confecção dos planogramas e, portanto, da exposição dos produtos nas gôndolas. Se isso é relevante nas lojas físicas, no ambiente digital é vital.

Compra em si

A quinta etapa da jornada do cliente trata-se do momento em que o *shopper*, já com o produto na cesta de compras, dirige-se ao caixa ou vai para a etapa de fechamento do carrinho e pagamento, no caso do ambiente virtual.

Trata-se de um dos passos mais críticos para o varejo. Inúmeras pesquisas mostram o quão insatisfeito ainda está o cliente nesta etapa.

O lado bom é que os avanços tecnológicos têm trazido inúmeras novidades nesta área. Seja no ambiente *on* ou *off*, o varejo passou a oferecer várias alternativas como o *self-checkout* e os meios de pagamentos digitais, a exemplo do PayPal, que suporta transferências de dinheiro *on-line* e serve como uma alternativa eletrônica aos métodos tradicionais.

Meios de pagamento em lojas físicas[8]:

- Cartão de crédito (66%), débito (64%) e dinheiro (64%), percentual que muda de acordo com o tipo de compra e do produto adquirido;

- 62% das empresas oferecem a opção de pagamento móvel via aplicativo, ante 13% de acordo com a edição 2018 deste estudo. O crescimento do uso pelos clientes também é expressivo: em dois anos, o emprego desse meio de pagamento saltou de 4% para 21% dos consumidores.

---

8   Fonte: SBVC/Equipe Instituto Brasileiro de Gestão e Liderança (IBGL). Disponível em: <http://www.ibglbrasil.com.br>.

Meios de pagamento no e-commerce[9]

• Os principais meios de pagamento oferecidos são: cartão de crédito à vista e cartão de crédito parcelado, ambos com 90% de adesão. A opção mais usada é o cartão de crédito parcelado (48% para compras no computador; 41% para compras no *smartphone*);

• O *smartphone* (89%) já é a ferramenta mais usada para compras *on-line*, à frente dos computadores (85%);

• O pagamento por aplicativos gera curiosidade em quem ainda não o utiliza (20% gostariam de utilizar);

• O varejo não oferece e nem pretende oferecer pagamento via criptomoedas, o que condiz com a escolha dos consumidores (47% recusam-se a utilizar criptomoedas).

Nesta etapa de compra do cliente, "saída pelo caixa", uma peça-chave do processo é a operadora/o operador de caixa.

Esta é uma das funções mais importantes no varejo e exige inúmeros atributos que vão desde perfil adequado a conhecimento, habilidade e atitude.

Mas esta história não acaba aqui.

A compra feita é avaliada sob dois aspectos essenciais: a experiência que o *shopper* teve com todo o processo de compra, mas também a que ele terá com o produto em si, pelo uso/consumo.

Experiência de uso/consumo – pós-compra

A última etapa da jornada de compra do cliente ocorre fora do ambiente varejista, quando o *shopper*, agora assumindo o papel de usuário, fará uso/consumo do produto. Neste caso, a experiência a ser satisfeita refere-se aos benefícios que o produto entrega.

Por isso, recomendo toda a atenção ao que está sendo oferecido em loja: cada vez mais, o *shopper* conecta a compra e a experiência à sua marca. "O varejo ainda se orienta e executa pela ótica do próprio varejo, pela ótica de operações. É necessário quebrar o paradigma e orientar-se pela ótica do *shopper*, a fim de estabelecer uma real conexão. O varejo ainda está mais preocupado com o abastecimento, com a compra em si, do que com a venda. É necessária uma mudança cultural", diz o CEO de uma grande rede varejista de Minas Gerais.

---

9   Fonte: SBVC/Equipe Instituto Brasileiro de Gestão e Liderança (IBGL). Disponível em: <http://www.ibglbrasil.com.br>.

De acordo com dados de mercado, o varejo gasta, em média, quase cinco vezes mais em atrair clientes do que em retê-los. Adicionalmente, em um ano, ele troca mais de 60% de sua base de clientes. "O grande desafio da relação com o cliente é, em especial, a retenção. Fazê-lo voltar sempre que necessário. Há uma grande mortalidade da base de clientes e as razões, por vezes, são desconhecidas", afirma o presidente de uma rede atacadista de São Paulo.

O fato é que, ao decidir conhecer o cliente, temos que passar por um processo que envolve tecnologia, recursos diversos (monetários, humanos), busca contínua e gestão de informações, dentre outros.

Por onde e como começar?

Existem várias possibilidades. A pesquisa de mercado é, sem dúvida, uma das principais ferramentas estratégicas de marketing para a busca de informações sobre o cliente e de apoio às decisões. Aos tradicionais métodos de pesquisa, como, por exemplo, grupos de discussão, entrevistas pessoais e observações de compra, somam-se técnicas mais modernas, novas metodologias e o uso mais intenso de tecnologia.

Outra possibilidade é colocar à disposição do cliente um programa de fidelidade. Neste aspecto, a decisão permeará a alternativa mais adequada à estratégia, à estrutura e às possibilidades do próprio varejista: gestão própria, parceria com consultorias especializadas ou "terceirizar" a gestão.

Mas todo varejista tem dentro de casa um recurso valioso: seus cupons. Analisar os cupons te permite gerar inúmeros *insights* e conhecimentos relevantes.

Acompanhem, na sequência, o que fez, na prática, o Supermercado Tudo de Bom para começar a conhecer seus clientes.

"Promoção Aniversário Tudo de Bom:
QUEM GANHA É VOCÊ"

Para comemorar seu aniversário de 40 anos, o Tudo de Bom lançou uma campanha entre os meses de setembro e dezembro, com o objetivo de estreitar o relacionamento com os clientes, mas, sobretudo, de obter informações sobre eles.

Durante o período indicado, qualquer cliente que comprasse em qualquer uma das duas lojas poderia inscrever-se para participar da promoção. O consumidor deveria realizar compras no valor mínimo de R$ 35,00 e teria direito a um cupom. Para facilitar, em vez de usar formulários impressos e urnas, as inscrições eram feitas exclusivamente pela internet, no endereço eletrônico da rede, clicando no ícone "40 anos Tudo de Bom".

Ao acessar o site, o consumidor precisava cadastrar seus dados pessoais (nome, CPF, endereço completo, telefone para contato, e-mail), os dados da compra realizada (número e valor da nota fiscal e a loja em que foi realizada a compra), além de responder à questão: Qual rede de supermercados comemora 40 anos?

Foi necessário um grande envolvimento de TI, além do marketing, para criar toda a estrutura, o processo, os modelos analíticos e a inteligência desta promoção. "A campanha atingiu mais de 50.000 clientes", contou Paulo, diretor financeiro. A partir deste banco de clientes, a rede começou a estruturar o CRM para cumprir seu objetivo maior, que era, a partir da geração de conhecimento sobre o cliente, transformar as informações obtidas em ações direcionadas.

Mas, mais do que construir uma base de dados, um ponto crucial é ter uma base de clientes gerenciável, atualizada, e saber fazer uso das informações de maneira inteligente, direcionando ações e traduzindo dados em conhecimento que permitam desenvolver ações específicas para manter um relacionamento contínuo com o cliente, de modo a garantir que ele não interrompa seu relacionamento com a loja, estimulando-o a vir mais, comprar mais e melhor (aumentar a transação).

Porém, a base inicial ainda era pequena, restrita e, principalmente, pouco explorada. Além disso, estava resumida a dados básicos, sem informações transacionais.

Assim, em uma reunião de diretoria, decidiu-se por adotar um programa de fidelidade. De acordo com o diretor, por inúmeras razões, optou-se por terceirizar a gestão da base e estabelecer parceria com uma empresa especializada e *expert* no assunto.

Como o primeiro passo foi convidar o cliente a aderir ao programa, além das ações de e-mail marketing e campanhas, o parceiro disponibilizou promotores nas lojas para abordar o cliente e convidá-lo a aderir ao programa.

Com a adesão ao programa e já feito o cadastro para realizar suas compras e utilizar o cartão, o parceiro iniciou o processo de formatar a base de dados, adicionando informações transacionais.

A partir daí, a gestão da base de clientes começou a ser explorada de forma mais consistente. Hoje, são milhares de clientes cadastrados, permitindo estabelecer um relacionamento contínuo e consistente, desenvolvendo ações muito mais direcionadas e efetivas, com resultados positivos em transação e fluxo.

"Com a base de clientes bem estruturada, passamos a desenvolver interações contínuas. Mas, para incentivar os clientes a se identificar em cada compra, foi necessário considerarmos ações/campanhas de incentivo, descontos automáticos em cada compra e ações dentro da loja com as operadoras de caixa, para que as mesmas reforçassem a identificação", argumenta Paulo, que ainda ressalta: "Uma ação bem relevante que desenvolvemos com ganhos substanciais foi para o grupo de maior valor, na busca de garantir a retenção: readequação de sortimento. Identificamos que este público, em particular, tinha um grande desejo e buscava, cada vez mais, produtos prontos para consumir".

Em parceria com uma consultoria de gerenciamento e desenvolvimento de categoria, em resposta a esta necessidade foi criada a categoria "*grab & go*" ou, na linguagem do Tudo de Bom: pegue e leve!

Os resultados foram extraordinários. De acordo com o sr. Manoel, presidente da rede, além do aumento do tíquete médio e da margem de lucro, com a criação desta categoria, houve um crescimento de dois pontos percentuais de clientes que mudaram seu patamar de gasto dentro da rede, saindo do grupo intermediário para o de maior valor.

Para quem não possui informações estruturadas sobre o cliente e quer começar a conhecê-lo – situação muito comum no varejo de hoje –, seguem cinco passos básicos:

1. Definir o que quer saber, ou seja, que informações coletar;
2. Como coletá-las;
3. Onde coletá-las;
4. Como processar e disseminar estas informações;
5. Como desdobrar este conhecimento na prática:
   que decisões poderão ser tomadas e por quem.

Mas é bom lembrar, especialmente aos leitores varejistas, que existem muitas informações dentro de suas empresas que devem ser utilizadas. Os dados de cupom, por exemplo, são grandes aliados para várias ações de fidelização.

3. GESTÃO DOS INDICADORES

Como lidar com um grande volume de dados

Para termos uma empresa verdadeiramente orientada por dados, é importante ter informações e profissionais de qualidade, processos bem estruturados, tecnologia, conhecimento sistematizado e realizar continuamente uma gestão efetiva destes indicadores.

Neste contexto, os desafios são inúmeros. Como lidar com um grande volume de dados (em qualquer das etapas: coleta, filtro, análise ou execução)? Como engajar o time? Como criar a cultura de gestão orientada por dados? Como implementar processos e métodos de tomada de decisão baseados em dados? Que tipo de ferramenta adotar? Qual tecnologia? Como criar um sistema de informação organizado, com fácil acesso e gestão dos dados? Como transformar dados em recomendações acionáveis para dar apoio à tomada de decisão? Qual o perfil de executivo necessário para liderar essa tarefa? Entre outros.

Estas são algumas das várias questões que estão na pauta diária das empresas que vêm buscando transformar sua gestão convencional em uma gestão orientada por dados.

Como afirma Celso Furtado, VP de Negócios e Marketing da Abras: "O varejo está, de certa forma, viciado; olha apenas para o concorrente, com a ótica do próprio varejo. O varejo precisa olhar para sua operação e tentar ter personalidade com um real foco no cliente. Superar barreiras culturais, superar a falta de pessoas com crivo analítico, superar a falta de processos e outros meandros que inibem esta transformação".

Sem dúvida, como afirma, Olegário Araújo, consultor e pesquisador da Fundação Getulio Vargas, transformar uma empresa varejista tradicional, com a gestão centrada em dados, é uma jornada desafiadora, que leva tempo, pois são muitos caminhos e barreiras a trilhar. Entre as principais barreiras a serem ultrapassadas pelas empresas varejistas que almejam uma real orientação por dados, ele destaca:

- Disponibilidade excessiva de dados/informações e dificuldades de decidir o que considerar e analisar, quando e como;
- Pessoas com perfil pouco analítico, para não dizer nenhum, em especial no varejo;
- Falta de cultura do uso da informação;
- Sistemas antigos, limitados.

Dentro deste contexto, ainda de acordo com Olegário Araújo, para construir esta jornada é crucial:

- Criar a cultura de uso de dados (o que não é nada simples);
- Conhecer e selecionar, de maneira adequada, os indicadores;
- Investimento e qualificação dos colaboradores;
- Estrutura e processos integrados para se ter agilidade, consistência e números únicos da seleção ao uso e à disseminação;
- Tecnologia para apoiar todas as etapas desta jornada.

Na lista acima, eu incluo a necessidade de uma gestão efetiva dos indicadores.

A gestão de indicadores baseia-se justamente em adequada seleção, construção e monitoramento contínuo das métricas, também conhecidas como KPIs ou indicadores-chave, que têm como missão comunicar, de forma simples e efetiva, numericamente falando (por meio da quantificação), os resultados esperados e realizados de um determinado processo, operação e/ou atividade.

É a partir da gestão contínua destes indicadores-chave que os gestores possuem segurança na avaliação das atividades e na tomada de decisão, e ainda agilidade em corrigir rotas, ajustar e aperfeiçoar ações, processos e operações, quando necessário, e para atingir a excelência.

Sobre a escolha dos indicadores

Muitos me perguntam como selecionar os indicadores-chave. Qual a quantidade ideal de KPIs a serem monitorados? Na prática, não há um número mínimo ou máximo, não há um padrão único. Tudo depende: da necessidade, do problema a ser solucionado, do risco que se quer correr, dos recursos disponíveis no varejo, quase sempre escassos – e, quando digo recursos, não falo apenas dos financeiros, mas em pessoas, tecnologia, tempo, etc. O que vale é ter bom senso. Avaliar o que, de fato, é relevante dentro da necessidade e dos recursos.

Conforme vimos nos capítulos 1 e 2, o que não faltam são indicadores de todos os tipos e fontes.

Mas ledo engano de quem acha que, para se ter e aplicar inteligência ao negócio, basta definir KPIs e acompanhá-los.

A inteligência está na correta identificação das necessidades; na correta determinação de informações, estudos e indicadores; na correta e consistente coleta e tratamento destas; nas interpretações e análises; na disseminação; na aplicação prática no negócio. Falaremos disso em detalhes no capítulo 4: **Inteligência aplicada ao Negócio: o crescimento e a relevância das áreas de Inteligência de Mercado e Inteligência Competitiva.**

Sobre a determinação dos indicadores em si, é crucial que sejam relevantes e façam a diferença. Existem inúmeras formas de elegê-los. Uma delas, simples e eficaz para definir os KPIs da área, é usar a metodologia SMART, sendo: S (específica), M (mensurável), A (atingível), R (relevante) e T (temporal), como detalhado abaixo:

Específica: para que o KPI selecionado seja efetivo e consistente, precisa ser específico e preciso;

Mensurável: um bom indicador precisa ser medido, analisado e monitorado; precisa ser objetivo;

Atingível: não adianta estabelecer indicadores impossíveis de serem atingidos. Isso desmotiva a todos e leva ao descrédito;

Relevante: como a análise dos indicadores tem como um dos objetivos melhorar o desempenho, eles devem ser relevantes e adequados para as expectativas e necessidades desejadas e traduzidos em resultados efetivos;

Temporal: é crucial estabelecer o período para que os resultados sejam monitorados e avaliados.

No Supermercado Tudo de Bom, sobre o projeto Cuidado Básico para seu Pet, a equipe estabeleceu como KPIs básicos: vendas, rentabilidade – por itens e por metro linear –, estoque, tíquete médio e presença em cupom, sendo que, num primeiro momento, a avaliação seria mensal e, na sequência, trimestral. Estabeleceu-se como meta 90 dias para revisão e correção de rota, caso fosse necessário.

Como gerenciar os indicadores?

Gerenciar uma empresa não é tarefa fácil. Requer disciplina, comprometimento, dedicação e, cada vez mais, dados e técnica.

Adotar uma gestão orientada por dados, menos ainda. Além de criar processos, empregar ferramentas, formar equipe e escolher indicadores, faz-se necessário estabelecer metodologias para medição e gestão destes indicadores.

Na gestão dos indicadores, é relevante considerar agilidade e simplicidade no acesso às informações. Para isso, recomenda-se um sistema integrado para a efetividade da avaliação, um *software* ERP que permita, por exemplo, a construção de *dashboards* (painéis) que facilitem a visualização dos indicadores.

Em termos de medição e gestão de indicadores, uma das metodologias mais conhecidas e tradicionais é o *Balanced Scorecard* (BSC), desenvolvida na década de 1980 pelos professores da Harvard Business School (HBS) Robert Kaplan e David Norton, que considera quatro perspectivas de valor:

1. Financeira;
2. Do cliente;
3. Dos processos internos e
4. Da aprendizagem & renovação.

Possui como componentes:
- Mapa estratégico (descreve a estratégia da empresa por meio de objetivos relacionados entre si e distribuídos nas quatro dimensões acima);
- Objetivo estratégico (determina o que deve ser alcançado e o que é fator crítico para o sucesso);
- Os indicadores;

- As metas;
- Os planos de ação (ações práticas necessárias para que se alcancem os objetivos estratégicos).

Mas existem diversos outros modelos:
- Pirâmide da performance;
- PEMP;
- *Tableau de Bord;*
- Gerenciamento pelas diretrizes;
- *Sustainability Scorecard* (SSC);
- *Strategic Activity System* (SAS), etc.

No Brasil, também tivemos grandes estudiosos no assunto, como Vicente Falconi, que trouxe o conceito de gerenciamento pelas diretrizes e disseminou por aqui o método PDCA. Trata-se de uma metodologia que permite desenvolver o planejamento de maneira prática e engloba, em sua técnica, a adoção do método *plan-do-check-act* (PDCA).

Em sua composição, encontramos três pilares:
- Os resultados são diretamente afetados pelo comprometimento e pela dedicação e ação criativa das pessoas envolvidas no processo;
- A inovação deve estar presente na rotina e ser estimulada;
- As mudanças e os aprimoramentos necessários devem ocorrer, de fato.

Tendo cada teoria as suas particularidades, o que todas elas têm em comum é tentar trazer, de forma visual, suas métricas, para que seja possível monitorá-las continuadamente e melhorar de forma eficiente.

Há quem diga que esses métodos mais tradicionais, por serem complexos e terem alta rigidez em seu processo, por vezes, dificultam a compreensão dos colaboradores e, como consequência, a implementação e a gestão.

Neste contexto, buscando uma forma mais flexível e mais enxuta de gestão estratégica, adicionando clareza em seus objetivos para aprendizados contínuos, e de forma simples e transparente, é que surgem os OKRs - *Objectives and Key Results* - objetivos e resultados-chave, ou seja, modelos mais ágeis para gestão da empresa e da equipe.

Criados pelo ex-CEO da Intel, Andrew S. Grove, os OKRs tornaram-se mais conhecidos e ganharam fama quando, em 1999, um dos investidores do Google, John Doerr, apresentou a metodologia para os funcionários e, após sua implantação, suportou o crescimento exponencial do Google.

De modo simplificado, estabeleceu-se a seguinte fórmula para definir metas:
- "Eu vou" (objetivo);
- "Medido por" (conjunto de resultados-chave).

Ou seja, nos OKRs, nós temos dois principais componentes:
- Objetivos (O): declaração formal da direção desejada pela empresa;
- Resultados-chave (KR): metas com impacto direto no atingimento do objetivo.

O objetivo é qualitativo e os KRs são quantitativos (a recomendação é que não passemos três a cinco KRs para cada objetivo). Ambos devem ser avaliados regularmente e servir como uma ferramenta formal de gestão e comunicação, auxiliando no foco que todos precisam ter, no alinhamento, para saberem onde podem direcionar os esforços.

No Supermercado Tudo de Bom, a metodologia OKRs foi adotada para a gestão da empresa.

Uma das primeiras ações de Paulo foi a adoção desta metodologia para a gestão da empresa e, desde então, estão colhendo resultados muito satisfatórios, segundo ele: "Logo que cheguei, desenhei meu plano para transformar a empresa em uma empresa orientada por dados e uma das ações foi estruturar uma série de treinamentos e mentoria sobre indicadores e gestão deles. Após um período de aprendizado, maturidade, evolução, adotamos a metodologia dos OKRs. Hoje, cada área é capaz de construir e apresentar os seus próprios OKRs".

Veja a seguir o exemplo de um objetivo traçado pelo Supermercado Tudo de Bom e os OKRs propostos:

Objetivo – criar uma experiência de compra diferenciada para o cliente:

KR1: implantar a ferramenta de pesquisa NPS[10] (*Net Promoted Store*) e atingir nota superior a 8 já no 1º ano;

KR2: rever sortimento da loja, garantindo 100% do mix saneado no 1º trimestre e uma meta de 20% de inovações para sermos reconhecidos como o número 1 em lançamentos, considerando nossas categorias-destino;

KR3: rever *layout* e comunicação visual da loja, incluindo equipamentos com a visão 360° *shopper*, criando ao menos três novos mundos e soluções relevantes, a exemplo do Cuidado do Pet, e obter um aumento de 25% no tíquete médio.

A base da metodologia é esta clareza e simplicidade dos objetivos e resultados-chave, o que gera muito mais engajamento de todos. Mas o que muda nesta metodologia em relação às demais?

Um dos aspectos mais citados é o fato de o modelo de OKR não ser sistemático e ser muito mais flexível e transparente, com objetivos de fácil acesso e compreensão.

Ademais, mede-se o resultado, e não o esforço das tarefas, com metas definidas para um período mais curto, sendo mais tangível e permitindo corrigir rotas mais rapidamente.

Os resultados-chave são reportados semanalmente, tornando possível antecipar eventuais correções de rotas.

Reforça-se, sem dúvida, a cultura de gestão orientada por dados. Mas, para que se tenha sucesso, como em qualquer metodologia, precisa-se do engajamento de todos, com planejamento, execução, acompanhamento. Aliás, estas duas últimas atividades, execução e acompanhamento dos OKRs, são partes extremamente importantes.

No caso do Supermercado Tudo de Bom, para garantir que os OKRs sejam inseridos no dia a dia de todos, a diretoria criou algumas ações de comunicação e engajamento, a saber:

- Reuniões regulares com a equipe para alinhamento sobre OKRs, desdobramentos para as áreas e equipes de acompanhamento;
- Os OKRs estão por todos os lados da empresa: murais, boletins internos, dentre outros locais;

---

10   NPS, sigla de *Net Promoted Store*, é uma metodologia criada por Fred Reichheld, nos EUA, com o objetivo de realizar a mensuração do grau de lealdade dos consumidores de qualquer tipo de empresa.

- *Dashboards* automáticos com alertas de atingimento de metas, etc.

Paulo reforça: "Você pode e deve ir por etapas. Comece pequeno, com OKRs-chaves[11] da empresa, com uma abordagem interativa, participativa, sem OKRs individuais no começo. Eduque, treine e capacite sua equipe e, a partir da evolução, experiência e vivência, vá ampliando e incrementando gradualmente. Os KRs devem ser métricas e não execução de tarefas, por isso, o foco deve estar no objetivo final, e não nos meios para atingi-los. Uma dica que recebi de especialistas na área é dar notas para o atingimento de cada *Key Result*. Exemplo: queríamos nota 8 no NPS e tiramos 7,2 – isso equivale a 90% da meta".

Longe de ter a pretensão de esgotar o assunto ou estabelecer prioridades aqui, mas há questões básicas que precisam ser respondidas para se tomar decisões orientadas por dados:

1. Avaliar todas as fontes internas e garantir qualidade das informações;
2. Automatizar e integrar processos;
3. Democratizar o acesso à informação;
4. Fazer uso adequado das fontes externas;
5. Investir nas pessoas;
6. Investir em tecnologia.

Veja o que diz Ana Carolina Simões, executiva da *Connect Shopper*, sobre o tema Qualidade dos Dados, a partir de um Cadastro Perfeito.

---

11   OKR é o macro-objetivo. Cada um deles tem seus *Key Results* (KR).

Por que o cadastro é tão relevante?

Ana Carolina Franceschi Simões*

Para muitos varejistas, quando nos procuram para iniciar um processo de Gerenciamento por Categoria – um dos principais produtos da *Connect Shopper* –, a primeira pergunta que fazemos é sobre seu cadastro de produtos, sua base de dados. A resposta é, quase sempre: "Ah, está ótima"; dizem que a revisaram há pouco tempo e que não precisamos nos preocupar com isso. Ledo engano. Em 90% das vezes ou mais, há grandes oportunidades, seja na revisão da estrutura e das segmentações, seja na alocação dos itens, sem falar nas descrições. Há, no entanto, outros tantos varejistas que buscam a *Connect Shopper* justamente para que revisemos seu cadastro, pois enxergam, ali, grandes oportunidades no GC, nas ações de CRM, na precificação, nas ações promocionais e no sortimento.

O que há em comum entre esses varejos que querem fazer o GC? Em diferentes graus e profundidade, precisam de uma revisão de seu cadastro.

A verdade é que todos os tipos de varejo, dos menores aos maiores, dos mais tradicionais aos mais modernizados, desorganizados ou não, têm oportunidades de melhoria no cadastro.

E por que isso é relevante?

O cadastro de um varejo é seu centro. É a base de toda a sua operação e, portanto, sempre precisa ser de qualidade e estar adequado e atualizado. É no cadastro que tudo começa! E ele deve ser construído segundo a visão do *shopper*.

Vejamos o exemplo de um cliente nosso, do Estado da Bahia. Quando chegamos à sede dele para a primeira reunião, o diretor contou-nos que uma das categorias que mais cresciam por lá era a dos biscoitos. Conversamos com o comprador desta categoria e ele nos sinalizou que biscoitos recheados crescia muito e tínhamos que focar bem neste segmento no processo de GC. Achamos curioso esse crescimento, sendo que, na época, o segmento era o que mais caía no mercado, segundo dados Kantar e Nielsen. A queda no mercado dava-se, em especial, pelo forte crescimento de *cookies* e integrais, que cresciam dois dígitos na preferência do *shopper*.

Como já havíamos passado por situações parecidas, pedimos a base de dados (o cadastro) e notamos que, como sua estrutura mercadológica era muito básica, ele não tinha várias segmentações, até mesmo na categoria que mais valorizava, a de biscoitos recheados. Os itens de integrais e *cookies*, por exemplo, estavam alocados junto com o segmento de recheados, o que dava ao departamento Comercial e a todos da empresa a falsa impressão de que este segmento crescia e precisava de destaque no processo de GC, por exemplo.

Com isso, todos os parâmetros de compras estavam equivocados (cobertura de estoque, quantidade de marcas e itens); a precificação comprometida e o espaço que era dedicado aos diferentes segmentos também. Durante os trabalhos, apuramos, por exemplo, que os biscoitos recheados, na verdade, estavam com vendas em queda. Eles ocupavam um espaço duas vezes maior que o necessário na gôndola. Por outro lado, integrais e *cookies* contavam com apenas cinco míseros itens e um espaço espremido na gôndola (meia prateleira), resultando em constante ruptura e, consequentemente, insatisfação do *shopper* que, cada vez mais, buscava por estes segmentos. Ao rever a base e reestruturar a categoria, estes segmentos passaram a ocupar seu devido espaço (um módulo cada). Os resultados? Valem a pena ser mencionados, porque esta é a razão de se investir em GC: redução da ruptura, aumento das vendas e da rentabilidade (integrais e *cookies* eram muito mais rentáveis que os recheados tradicionais).

Este é apenas um dos milhares de exemplos que posso citar sobre a relevância e as oportunidades de garantir um cadastro de qualidade.

Se, por acaso, seu cadastro (sua base de dados) não está adequado, por onde começar?

- Revise e atualize sua estrutura mercadológica, modernizando-a, para que comporte todos os segmentos de todas as categorias – a base pode e deve ser a árvore de decisão do *shopper*;
- Após aprovada a nova estrutura, faça a correta alocação dos itens nos novos segmentos;
- Crie um padrão de descrição e aplique-o nos itens;
- Revise sempre: cheque se está atualizado com os últimos lançamentos do mercado, com a forma como o *shopper* compra esta categoria, etc.

Sem dúvida, este é o primeiro passo para o GC, mas diria também, como sempre lembra Fátima Merlin: para um varejo ter dados acurados, revisar o cadastro é, sim, um dos primeiros passos no processo de transformar a empresa numa instituição orientada por dados.

*Ana Carolina Franceschi Simões é
especialista em Gerenciamento por
Categoria (GC), Consumidor e Varejo

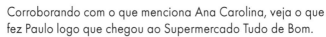

Corroborando com o que menciona Ana Carolina, veja o que fez Paulo logo que chegou ao Supermercado Tudo de Bom. Após as primeiras reuniões de alinhamento, incluindo as apresentações com especialistas de mercado sobre o uso de dados para a tomada de decisão e sua aplicação prática, mais o engajamento da equipe e o início da implantação dos OKRs, a primeira ação de Paulo foi trocar o sistema de ERP e contratar a *Connect Shopper* para rever o cadastro.

"Foram quase dois meses de trabalho: revisão da segmentação de cada categoria, tornando-as 100% orientadas ao *shopper*; ampliação dos níveis estruturais de dois níveis para cinco: setor, categoria, segmento, grupo e subsegmento e, por fim, alocação dos 26 mil itens nos subsegmentos corretos", resume o diretor financeiro do Tudo de Bom, que complementa: "Sem dúvida, a decisão de fazer GC, iniciando pela revisão do cadastro, foi fundamental na nossa jornada na gestão orientada por dados! Eu recomendo".

O diferencial do trabalho da *Connect Shopper* foi implantar a segmentação *"shopperlógica"*, desenvolvida pela empresa. No setor de limpeza, por exemplo, foi considerada a visão do *shopper*, ou seja, os cuidados que o consumidor precisa no dia a dia da sua rotina doméstica: **cuidados com o banheiro, com a casa, com a cozinha, com a roupa e a lavanderia**. E, em cada categoria, toda a série de segmentos, grupos e subgrupos.

Mas a história do Tudo de Bom não para por aqui. De posse dos indicadores essenciais, sabendo como gerenciá-los, agora com uma base de dados consistente e *shopperlógica*, quais foram os próximos passos da rede em busca de tornar-se uma empresa verdadeiramente orientada por dados? Acompanhe, nos próximos capítulos, a criação das áreas de Inteligência Mercadológica e Competitiva e suas ações práticas, bem como a relação com a Indústria e o que esperar do futuro.

.

4. INTELIGÊNCIA APLICADA AOS NEGÓCIOS

O crescimento e a relevância das áreas de Inteligência de Mercado e Inteligência Competitiva

Já dizia Heráclito de Éfeso[12]: "A única constante é a mudança". Dito isto, cabe-nos construir uma empresa adaptável, que responda com agilidade e inteligência aos desafios que nos são impostos diariamente. E, para tal, torna-se crucial uma efetiva gestão orientada por dados, integrando o "olhar interno" do nosso negócio ao mercado e cenário em que estamos inseridos. É preciso ultrapassar os concorrentes, antecipar e/ou criar tendências e corrigir rotas.

É neste contexto que áreas de Inteligência ganham destaque no varejo. Da perspectiva mercadológica, temos: Inteligência de Mercado, Inteligência Comercial, Inteligência do Consumidor, Inteligência Empresarial, Inteligência Competitiva, Inteligência Estratégica e por aí vai – mas não se tem muita clareza nessas definições, bem como, em alguns casos, até mesmo há sobreposições em suas aplicações.

Os benefícios das áreas de Inteligência são inúmeros e vão muito além de produzir estudos, pesquisas e análises.

As principais atribuições da área de Inteligência são:

• Entender o cenário atual e avaliar as tendências, considerando o que se aplica ou não ao negócio e, até mesmo, antecipar ou criar tendências com vistas a sobressair frente à concorrência;

---

12   Heráclito de Éfeso foi um filósofo pré-socrático, considerado o Pai da Dialética. Heráclito é o pensador do "tudo flui", que sintetiza a ideia de um mundo em movimento perpétuo.

- Fazer um diagnóstico da situação atual, dos *gaps* e das oportunidades, saber onde a empresa está, como está, até onde pode chegar e considerar quais são as configurações do mercado e da concorrência e o que é necessário para alcançar e/ou superar os resultados, sem dúvida, são alguns dos papéis essenciais da área de Inteligência de Mercado. Palavras de ordem: direcionar, crescer, superar desafios, consolidar-se, inovar;

- Antecipar e reagir às mudanças no ambiente externo;

- Reconhecer as características ligadas à concorrência;

- Entender quem são os reais concorrentes, como se comportam, onde estão, identificar seus pontos fortes e fracos, dentre outros;

- Aperfeiçoar o planejamento;

- Identificar e criar boas oportunidades, gerando informações exclusivas sobre o negócio e usando-as de maneira estratégica;

- Realizar correlações diferenciadas e padrões pouco óbvios, por meio dos cruzamentos de diferentes dados e fontes, desenvolvendo ações específicas;

- Reduzir riscos na tomada de decisão;

- Direcionar as ações e personalizar o relacionamento com o cliente;

- Fortalecer e consolidar a atuação no mercado;

- Entender melhor o mercado em que estão inseridos a empresa e seus clientes, acompanhar a concorrência de perto, identificar tendências e prospectar oportunidades.

Na sequência do nosso diálogo sobre a importância da inteligência aplicada aos negócios, acompanhem o artigo de Fabien Datas, que inclusive mostra como criar uma área de Inteligência.

Por que a área de Inteligência é fundamental?

Fabien Datas [*]

Há várias razões para uma empresa investir numa área de inteligência:

- Um dos maiores fatores-chave de sucesso de uma companhia para o século 21 não está mais na sua capacidade de oferecer produtos ou serviços diferenciados, mas reside nas pessoas e competências que reúne. E a área de inteligência depende, estritamente, de pessoas para ter sucesso. Logo, esta área poderia tornar-se um grande diferencial frente à concorrência, se liderada com sabedoria, propósito e com o devido apoio da alta liderança;

- Ter uma única área que concentra toda a parte de compreensão e análise dos ambientes interno e externo da companhia para agilizar e facilitar a tomada de decisão ajuda a padronizar a metodologia e alinhar toda a empresa em torno de uma visão única;

- A criação de uma área de Inteligência ajuda a empresa a pensar de forma sistêmica sua gestão do conhecimento (tipo de informações, de análises, frequência de entrega, etc.) e organizar o conhecimento tácito (inerente a cada um de nós) em um conhecimento explícito (processos e metodologias), permitindo que todas as áreas da empresa aproveitem-se dele. Uma área centralizada e focada nesta gestão de conhecimento e inteligência sempre terá mais êxito e trará mais valor do que a soma dos conhecimentos esparsos e isolados em várias áreas da companhia;

- Concentrar o conhecimento em uma só área, tendo uma visão 360° e integrada do conhecimento da companhia, facilita a procura por soluções mais criativas, conexões e interações novas entre áreas desconectadas;

- O ambiente e o contexto competitivo estão cada vez mais incertos, voláteis e complexos. Para se diferenciar da concorrência, uma leitura mais assertiva e rápida deste ambiente é primordial e fará a diferença entre líderes e seguidores. Quem souber melhor decifrar as próximas tendências e interpretar as necessidades do consumidor, nem sempre tão óbvias, sairá na frente;

- As áreas de negócio nem sempre têm acesso às informações adequadas para tomar a melhor decisão. Nesta situação, o processo de tomada de decisão torna-se difícil e, geralmente, acaba orientado muito mais pela experiência e vivência do que por argumentos objetivos e neutros. Uma área isolada e centralizada de geração de *insights* e inteligência pode ajudar a mitigar estes vieses naturais e garantir uma tomada de decisão mais assertiva;

• A área de Inteligência pode orientar e apoiar as áreas internas no diagnóstico e na resolução de problemas e elaborar um plano de ações concretas e assertivas para trazer alavancagem de resultados, via processos e metodologias eficientes;

• As áreas de Negócio, geralmente, não têm tempo ou recursos para fazer este trabalho sozinhas. Uma área de Inteligência seria como um facilitador, por meio da informação organizada em conhecimento, para se chegar à ação;

• Com a criação de uma área de Inteligência, a empresa deixa de ter um conhecimento limitado e isolado por área de Negócio para desenvolver um conhecimento organizacional geral, padronizado e integrado. Informações e conhecimento não são mais meros dados da companhia, mas ativos que ajudam a proporcionar direcionamento aos negócios.

É por tudo isso e muito mais que as áreas de inteligência, com base em informações completas e relevantes, com sua real orientação sobre como agir, por que caminho seguir, favorecem a gestão orientada por dados, reduzindo as chances de equívocos e facilitando o processo decisório.

Aprofundando-se especificamente nas Inteligências de Mercado e Competitiva, reforço que, apesar da similaridade dos termos e da importância de ambas, elas partem de conceitos diferentes.

Enquanto a Inteligência Competitiva é conhecida pelo foco na concorrência, tendo como principal vertente entender o ambiente mercadológico em que o negócio está inserido, permitindo que a empresa encontre oportunidades de mercado e reduza riscos, estando sempre atenta às principais inovações e tendências para não perder espaço competitivo, a Inteligência de Mercado, por outro lado, tem o foco voltado para a demanda, preocupa-se com o mercado, com os clientes e, claro, também com a concorrência.

Segundo Patricia Canarim[13] (2012), há quem diga que, enquanto a inteligência de marketing tem como processo a produção de informação que colabore e apoie as decisões de marketing – com todos os Ps: produto, preço, promoção, publicidade, público, PDV, etc. –, a inteligência compeitiva tem como premissa o auxílio às decisões estratégicas.

Em resumo, enquanto o foco da Inteligência Competitiva é, como o próprio nome sugere, a competitividade da empresa e, para isso, estuda os concorrentes, avaliando como a concorrência atua, pontos fortes e fracos e a reação do mercado aos concorrentes, a Inteligência de Mercado tem como foco principal o consumo e o consumidor: entender seu perfil, comportamento e hábitos de compra e consumo, entender o mercado em que

13 Especialista em Informação Estratégica, Estrategista de Marca e Comunicação e autora de "O que é inteligência competitiva. Nautilus Marketing Digital". 2 de março de 2021.

estamos inseridos e, sem dúvida, nisso inclui-se também a concorrência, bem como as tendências e oportunidades de mercado, dentre outros aspectos, informações relevantes para direcionar as ações em todos os Ps.

Passo a passo para a criação de uma área de inteligência

Por ter liderado e contribuído para a sua criação em grandes multinacionais, como Walmart e Carrefour, mas também em empresas mais regionais, como a Covabra, adquiri uma visão clara das práticas mais bem-sucedidas para a implementação de uma área de Inteligência.

Tão importante quanto saber o que fazer é saber o que não fazer.

Com a experiência de meus erros e acertos, segue uma proposta de passo a passo para a criação desta área:

1. Mapeamento dos setores internos que serão clientes desta nova área de Inteligência (público-alvo). Listar os principais responsáveis de cada um deles;

2. Avaliação dos problemas (os clientes internos não têm necessidades, mas, sim, problemas) e das expectativas em relação à área para estes clientes internos, por meio da elaboração de um *checklist* direcionado e da realização de entrevistas "*face to face*". Nesta primeira etapa, o *feedback* será fundamental para criar as fundações da área e ganhar legitimidade junto com os clientes internos. Quem participar da criação de uma área, mesmo de forma indireta, dificilmente irá se opor ao seu desenvolvimento;

3. Levantamentos de todas as fontes de dados, internas e externas, primárias e secundárias, para a avaliação dos ambientes interno e externo da companhia;

4. Comparação das informações que estão à disposição na área e daquelas pedidas pelos clientes internos, para identificação dos *gaps* entre o atual e o desejado;

5. Realização de uma dinâmica de validação das informações, definindo quais serão os dados e as análises que a empresa vai manter e definir uma ordem de priorização. É importante convidar para esta sessão a alta liderança, os influenciadores e os principais responsáveis das áreas-clientes. Todas as informações e análises atuais à disposição ou desejadas pelas áreas-clientes serão impressas e expostas numa parede ou num quadro. Cada participante terá à disposição um *post-it* verde ou vermelho para colar em cada análise e assinalar se acha que deve ser desenvolvida ou não. Se optar por desenvolver, deverá escrever no post-it um nível de priorização (alto, médio, baixo). Este exercício anódino será a chave para selar a criação da área, validando seu foco e objetivo, legitimando seu propósito junto a todas as lideranças da companhia;

6. Coleta de dados e informações internas (junto com a área de TI, na maioria das vezes) e externas (junto com parceiros e institutos de pesquisa);

7. Criação de um processo de *briefing* para melhor mapear problemas e alinhar escopo, prazo e expectativas junto às áreas-clientes;

8. Organização de um processo de sistema de informação para definir um fluxo de coleta, tratamento, organização, armazenamento, análise e interpretação de dados/informações, transformação em conhecimento e ação para alavancagem de resultados;

9. Realização de reuniões mensais (pílulas do conhecimento) e *clipping* para comunicar *insights* e conhecimento, democratizar o acesso à informação para a organização e criar uma cultura de uso das informações (aprendizagem e conhecimento organizacional). Se este tipo de incentivo for alinhado com a alta liderança, ficará mais fácil legitimar a área e sua importância para a companhia;

10. Quando desenvolver uma análise ou projeto maior, sempre criar um piloto com um cliente interno, mais disposto a ajudar e apoiar a iniciativa. Assim que implementado e monitorados os resultados, vai incentivar também outras áreas na adesão ao projeto, facilitando sua disseminação pela companhia;

11. Definir indicadores de performance, monitoramento e acompanhamento regular dos resultados, *feedback* das áreas-clientes (por meio de pesquisa de satisfação em cada análise realizada e de pesquisas internas mais gerais a cada trimestre), retroalimentação do processo e gestão de informações;

12. Criação ou compra, depois de algum tempo, de uma plataforma de acesso e consolidação das informações e análises. Desenvolver também um programa de capacitação para as áreas-clientes usarem a plataforma.

De acordo com o professor Marcos Cortez Campomar[14], para que a organização possa saber quais as reais necessidades do mercado em que atua, quais as condições do ambiente interno e externo a ela e possa "provocar" as mudanças e realizar a gestão de maneira eficiente e eficaz, é necessário que haja um Sistema de Informações de Marketing (SIM) que compreenda não só as informações em si, mas as formas de acesso, recuperação, garimpo, apresentação, análise e uso delas.

---

14   *Professor titular da Faculdade de Economia, Administração e Contabilidade (FEA) da Universidade de São Paulo (USP).

Quais fatores considerar para o sucesso de uma área de Inteligência?

• Um fator essencial para o sucesso da área é ter o apoio da alta liderança para elaborar um contexto organizacional favorável à criação, ao uso e à comunicação de conhecimento. Esse apoio será o maior aliado para legitimar a área e criar laços de confiança com as áreas-clientes;

• A estratégia da área deve ser alinhada com a estratégia da companhia. Toda a geração de *insights*, conhecimento e ações deve reforçar e embasar a estratégia da empresa, assim como das áreas-clientes. Os KPIs da área também devem estar alinhados aos da empresa;

• Ter foco, priorizar as análises e escolher as batalhas. Dependendo do tamanho da área ou da quantidade de demandas internas, pode ser difícil atender a todas elas. Faz parte do processo saber priorizar estas demandas, de acordo com seu impacto no resultado da empresa, sem se limitar aos resultados de uma área só (visão do todo, e não só das partes);

• Criar um sistema eficiente de geração de *insights*, organizando um fluxo de gestão do conhecimento, desde planejamento, estruturação, coleta, tratamento, análise e disseminação de informações internas e externas, macro e micro, primárias e secundárias. Este processo deve ser devidamente apoiado por tecnologia, com plataforma e ferramentas adequadas. Com isso, o processo de criação de conhecimento e inteligência será mais ágil, rápido e assertivo. O conhecimento coletivo vai crescer e a companhia será mais eficaz na sua capacidade de ler o contexto competitivo e interno para tomar decisões mais efetivas;

• Investir em pessoas: a área de Inteligência é estratégica para a empresa, devido à dificuldade de a concorrência copiar a criação de conhecimento e de saber fazer.

A gestão humana deve destacar-se, com recrutamento exigente de competências e habilidades técnicas e comportamentais (analíticas e humanas). O investimento em treinamento constante é fundamental. Os profissionais desta área precisam ter um conhecimento "*T shaped*", ou seja, com capacidade criativa e de inovação, sendo especializados em geração de *insights*, porém possuindo, também, uma visão sistêmica do negócio e um conhecimento apurado de vários outros setores para entender e atender às "dores" dos seus clientes internos;

- Desenvolver um processo contínuo e retroalimentado de *feedback*, para sempre (re)avaliar o seu impacto no negócio, a visão do cliente e buscar melhorar e adaptar-se sempre. A zona de conforto é o principal perigo de qualquer área de Inteligência, num mundo em que a única constante é a mudança. Medições de sucesso dos projetos também funcionam como um poderoso fator de motivação para a equipe e de boas práticas para a empresa;

- Saber comunicar e promover os projetos também é primordial. Muitas análises podem ser engavetadas se não devidamente apresentadas: passar a mensagem certa, com a linguagem certa (saber adaptar-se ao seu público);

- Recursos financeiros são importantes para adquirir tecnologia e ampliar o escopo da área, assim como acelerar sua influência junto ao público-alvo, porém não são imprescindíveis. Já liderei áreas com *budgets* bem apertados e, embora seja mais desafiador, há muito conhecimento que pode ser criado do uso de dados internos ou sindicalizados, sem custo.

As principais tendências nas áreas de Inteligência de Mercado e Competitiva

A adoção mais intensa de tecnologias de *Big Data* é, sem dúvida, uma das principais tendências que vêm se consolidando nos últimos anos, inclusive para automatização da coleta de dados externos. Segundo a revista *Forbes*, a adoção saltou de 17%, em 2015, para 59%, em 2018, e continua a crescer ano a ano.

De acordo com a *Entrepreneur*[15], empresas que utilizam a tecnologia observaram um crescimento de 8% a 10% em seus lucros.

Outro destaque na área é o "*storytelling*": a habilidade de contar histórias por meio dos dados, inserindo-os em um contexto, com enredo e narrativas impactantes, considerando ações práticas e resultados.

Cada vez mais aumenta a demanda por análises preditivas: uso de dados, algoritmos estatísticos e técnicas de "*machine learning*"[16] para identificar a probabilidade de resultados futuros, a partir de dados históricos.

---

15   Agência de conteúdo, ideias, perfis e guias para empreendedores estabelecidos e aspirantes em todo o mundo. O site www.entrepreneur.com hospeda a revista Entrepreneur.

16   *Machine learning* (subconjunto da IA): é a capacidade dos computadores de aprenderem sem ser explicitamente programados, ajustando-se para dar uma resposta de acordo com os dados disponíveis para análise. Inteligência artificial ou IA é a capacidade da máquina de imitar algumas características humanas, como percepção visual, reconhecimento de fala, tomada de decisão e tradução de idiomas.

Por fim, a implantação da "cultura ágil"[17], que começou no mundo de desenvolvimento de *softwares*, mas ultrapassou barreiras e está sendo aplicada cada dia mais em várias áreas. A cultura ágil tem como principais características: agilidade; colaboração; simplicidade; adaptabilidade; processo incremental; *feedbacks* constantes; equipes reduzidas, mas de alta performance. Existem diferentes tipos de métodos ágeis; destaco alguns dos principais: *Scrum, Lean, Kanban.*

Dizem muitos especialistas na área que irão se destacar aqueles que conseguirem dominar técnicas e processos do *agile*, realizando entregas de valor em curtos espaços de tempo.

*Fabien Datas é Head de
Inteligência Comercial do Covabra

---

17   A cultura ágil envolve um conjunto de metodologias que têm como objetivo acelerar o ritmo dos processos de criação, desenvolvimento e, principalmente, adaptabilidade. Principais características: agilidade; colaboração; simplicidade; adaptabilidade; processo incremental; *feedbacks* constantes; equipes reduzidas, mas com alto nível.

Como trabalhar Inteligência Competitiva e Inteligência de Mercado em conjunto?

Vêm surgindo, no mercado, discussões sobre descentralizar a Inteligência de Dados. Segundo a consultoria internacional Gartner, especializada em estratégias com *Data Analytics*, "87% das empresas ainda têm baixa maturidade no uso de *analytics* e a centralização é apontada, dentre outros fatores, como responsável por esse quadro".

Há muitos que concordam e outros tantos que discordam desse movimento. Centralizar ou não? Eis a questão! Por trás dessa decisão, tem-se como principal objetivo permitir às áreas de negócio produzir resultados de mais impacto de forma contínua e em maior velocidade.

Quem é a favor da descentralização cita como principais benefícios:

- Maior flexibilidade para gerar análises;
- Independência das áreas de negócio;
- Maior agilidade, rapidez, velocidade na geração de *insights* estratégicos;
- Tomada de decisão mais ágil;
- Maior entrega de valor.

Já quem é a favor da centralização/unificação argumenta que a união proporciona vários benefícios para as empresas, a maioria relacionada a maior confiabilidade dos registros, facilidade de definir ações e maior produtividade:

1. Elaboração integrada dos planos de ação;
2. Agilidade nos processos: facilita uma conexão entre tudo, realizar diferentes cruzamentos, etc.;
3. Maior organização: acesso de forma simples, rápida e prática;
4. Planejamento e previsibilidade mais efetivos;
5. Registros mais confiáveis e únicos.

Mas, independentemente de onde estarão os dados, da centralização ou não quando ambas as inteligências estão em sintonia, ou seja, são trabalhadas conjuntamente, evita-se retrabalho, sobreposição de informações, desalinhamentos e, o melhor, facilita-se ainda mais o processo decisório. Um bom exemplo é quanto à elaboração do planejamento estratégico. Unindo as duas inteligências, ele poderá ser mais robusto, prevendo cenários e traçando rotas mais efetivas para o alcance e/ou a superação dos objetivos.

Enquanto a Inteligência Competitiva pode auxiliar na identificação do cenário externo e da situação da empresa com relação a ele, contribuindo para avaliar *gaps* e oportunidades em relação à concorrência e desenhar plano de ações para sobressair-se aos mesmos, a Inteligência de Mercado pode contribuir para o entendimento das questões relacionadas aos clientes e seu comportamento de compra, avaliando satisfação, experimentação, recompra e tantos outros indicadores relevantes, contribuindo para revisar posicionamento, preço, embalagem, comunicação, exposição, ou seja, plano de ações para cada um dos Ps (produto, preço, promoção, praça, público, PDV, prateleira).

Para trazer um caso real, na prática, do trabalho conjunto de ambas as inteligências, acompanhem a ação do Supermercado Tudo de Bom.

Dentro do desafio de transformar o Tudo de Bom em uma empresa orientada por dados, foram desenvolvidas as primeiras iniciativas: educação, capacitação e engajamento do time e a implantação e gestão dos OKRs (capítulo 3). Paulo avançou em seu propósito e, apoiado pelo sr. Manoel (o proprietário), optou por criar a área integrando a Inteligência Competitiva (IC) com a Inteligência de Mercado (IM).

A estruturação da área não foi fácil. Paulo deparou-se com vários obstáculos, começando pelo recrutamento do executivo. "Quem assumiria a área? Qual o perfil adequado? Havia alguém internamente que poderia ser aproveitado? Como seria este processo? Qual o tamanho da área?". Esses eram alguns de seus questionamentos. Bem, quanto ao tamanho da área, claro que seria superenxuta, mas bem organizada para enfrentar os vários desafios que teriam pela frente.

Felizmente, Paulo encontrou na própria área de Finanças, que dirigia, especificamente na Controladoria, o executivo exatamente do "jeitinho" que esperava: super-hiper-analítico, conhecedor de inúmeras ferramentas de análises (Excel, SAS, DataMelt, Tableau, etc.), com forte relacionamento interpessoal, conhecedor do negócio, do varejo, das práticas de IM e IC e mais, oriundo de empresas de consultoria em pesquisa e inteligência.

Adicionalmente ao carinhosamente chamado JP, Paulo sugeriu trazer dois analistas para a nova área: um especializado em pesquisas de marketing e outro para IC, ambos respondendo para JP.

Assim, a área ganhava corpo. Mas, enquanto isso, JP, juntamente com Paulo, para mostrar resultados práticos e conseguir verba para contratação, buscou desenvolver algumas ações pontuais para, como dizia, "acalentar os corações ansiosos" – "no varejo, tudo é para ontem, né? (risos)".

Ou, como dizia Chiquinho (apelido de um dos analistas selecionados): "Assoviamos e chupamos cana – tudo junto e misturado, tudo de uma vez!".

A primeira ação já trazia como pilar essencial a integração das Inteligências Competitivas e de Mercado. Logo que chegou à área e começou a estabelecer os processos, da coleta à disseminação, bem como a eleger os KPIs, JP descobriu uma grande oportunidade já nas análises iniciais: uma "carência" no mercado local que o Tudo de Bom poderia suprir.

Com o uso da Inteligência Competitiva, aliada à Inteligência de Mercado (olhar interno *versus* externo), fez-se uma exploração direcionada e descobriu-se que:

a) Pelo estudo da concorrência, identificou-se que não havia, na região, nenhum concorrente direto ou indireto com uma oferta interessante de pet;

b) Pela investigação do mercado e de clientes, descobriu-se que havia um grande potencial na área: duas em cada quatro casas possuíam algum tipo de animal de estimação e, dentre os seus próprios clientes, esse percentual superava a casa dos 60%. Mais de 90% compravam produtos diversos: rações, higiene, limpeza, acessórios e pequenos "mimos". A grande reclamação era que, para ter acesso a isso, as pessoas precisavam deslocar-se até a cidade mais próxima, ou seja, dirigir quilômetros estrada afora para realizar suas compras.

Enfim, cruzando essas informações e algumas adicionais, foi possível encontrar oportunidades de inovar, criando a área "Cuidado Básico para seu Pet" e suprindo as necessidades básicas de seus clientes.

Aqui, quero abrir parênteses: notem que o foco foi cuidado básico, e não mundo pet ou algo similar. Por quê?

Apoiado pelas áreas de inteligência, criou-se um plano 360° integrando Marketing, Comercial e Operação, com foco na real necessidade do cliente, mas conectado à estratégia do varejista e ao espaço disponível. Oferecer o mundo pet poderia frustrar o cliente.

O lançamento da área foi um tremendo sucesso: resultou na mudança do comportamento de compras e grande satisfação dos consumidores e, como consequência, excelentes resultados para a empresa.

"Este projeto deu muito certo. Em dois meses do lançamento, atingimos todas as metas propostas, com crescimento de dois dígitos. A verdade é que a maior parte das pessoas têm seus animais de estimação como membro da família", afirmou sr. Manoel, CEO da rede, em relato a *Connect Shopper*.

A sequência dos trabalhos foi, com o apoio da *Connect Shopper*, fazer uma revisão das ações, considerando novos produtos e serviços para superar as expectativas dos consumidores e tornando-os clientes fiéis.

O fato é que o uso de Inteligência Competitiva e Inteligência de Mercado proporciona uma infinidade de possibilidades e ganhos. Trabalhando-as de forma integrada e efetiva, podemos ter ganhos exponenciais.

O ciclo das Inteligências de Mercado e Competitiva

Para finalizar todo este capítulo em que falamos com profundidade do tema Inteligência nos Negócios, ressalto a importância do ciclo da inteligência em si, que resumo em cinco macroetapas: planejamento; coleta – que gosto de chamar de "garimpo" –; análise/geração de insights/interpretação, disseminação e avaliação dos resultados, detalhadas a seguir.

1. **Planejamento**: é a etapa de identificação das necessidades, do problema que se quer estudar, resolver, entender. A partir daí, estabelecem-se os processos e KPIs necessários. É crucial que haja a definição do conjunto de indicadores-chave de performance que serão mensurados e acompanhados. E, conforme já comentamos no capítulo 1, diante de inúmeras possibilidades, diferentes necessidades e diferentes KPIs, eles devem ser estabelecidos de acordo com as demandas e alinhados com a estratégia do negócio, garantindo a relevância e a aplicabilidade, evitando-se, assim, desperdiçar tempo e recursos;

2. **Coleta/garimpo**: é a etapa em que se realiza o processo de obtenção de dados. É a hora de "garimpar" aquilo que é relevante, processar e armazenar, sejam dados internos ou externos, de fontes primárias ou secundárias. Lembre-se: um dos grandes desafios da atualidade, com o *"boom"* das informações, é selecionar aquilo que, de fato, é relevante ao processo analítico e decisório.

Para esta etapa, é imprescindível ter um processo e uma metodologia bem definidos e claros para todos, bem como os recursos necessários e disponíveis; determinar como será feito todo o processo: a aquisição, a coleta, a interpretação, a análise de dados, a disseminação, a aplicação prática, as avaliações de resultados e a avaliação de papéis, responsabilidades e prazos;

3. **Análise e interpretação (geração de *insights*)**: é o momento em que se analisam profundamente os dados, com foco em "cruzamentos" diversos, interligando e conectando os pontos, gerando informações integradas e consistentes, transformando-as em inteligência ou *insights* com recomendações acionáveis para apoiar a tomada de decisão.

Para ajudar nas análises e interpretações, faça as seguintes perguntas:

a. O que se deseja saber? E para quê? Ou seja, quais decisões poderemos tomar com eles?

b. Os dados gerados conseguem responder à "questão" inicial? De que forma?

c. Quais os principais aprendizados? Como usá-los?

d. Quais são as recomendações oferecidas? Fazem sentido?

e. Como você pode aplicar, na prática, tais recomendações?

4. Disseminação: consiste em compartilhar, de maneira objetiva, prática e consistente, os aprendizados e *insights* gerados. Neste ponto, gostaria de recomendar que se crie o hábito de desenhar um plano de ação efetivo, considerando: quais foram os principais aprendizados, como podem ser utilizados, por quem, como, em que situação/circunstância, para que/com qual finalidade, quando. Recomendo isso para que a inteligência gerada não morra em um arquivo de *PowerPoint*, mas, ao contrário, possa ser, de fato, utilizada para embasar as tomadas de decisão;

5. Avaliação: após o plano de ação aplicado, esta etapa consiste em acompanhar, mensurar e avaliar os resultados auferidos com as ações (KPIs), mas também o processo da inteligência em si. Os indicadores de performance não precisam ser definitivos. Conforme já comentei, podem e devem variar, de acordo com as necessidades.

E vamos seguir com nosso propósito de falar das Decisões Orientadas por Dados, no próximo capítulo, discutindo as conexões entre Indústria e Varejo.

5. OS 4 Cs DA INDÚSTRIA E DO VAREJO: CONECTAR, COMPARTILHAR, COLABORAR E CRESCER

Varejo, indústria e *shopper* conectados por meio de um objetivo comum: dados!

Como vimos anteriormente, irá destacar-se, diria até sobreviver, quem for capaz de adotar cada vez mais, de maneira efetiva, dados como o pilar essencial para suas tomadas de decisões e gestão do seu negócio. Estamos falando de empresas orientadas por dados, tanto do varejo como da indústria.

Adicionalmente, como vimos no capítulo 4, uma das tendências que vem se consolidando é a adoção da cultura ágil, que envolve um conjunto de metodologias que têm como principais características: agilidade; colaboração; simplicidade; adaptabilidade; processo incremental; *feedbacks* constantes; equipes reduzidas e de alta performance, dentre outros aspectos.

O fato é que não estamos no mundo sozinhos. Cada vez mais o mercado, nosso negócio, nossos colaboradores, nossos parceiros e, sobretudo, nossos clientes exigem conexões e colaboração.

E, neste processo de transformar nossas empresas em organizações orientadas por dados, além de educar, empoderar e formar nossa equipe, além de criar e gerenciar indicadores, além de construir e aplicar inteligência no dia a dia do nosso negócio, devemos repensar nossas relações com nossos parceiros comerciais. A palavra de ordem é "sair de relações transacionais para relações colaborativas".

É um repensar mútuo, em que cada lado, do varejo e da indústria, precisa aprofundar seu conhecimento sobre as oportunidades conjuntas. Esse repensar exige conhecimento, troca de informações, alinhamento das estratégias, expectativas, objetivos comuns, negócio e metas.

É uma grande jornada.

De acordo com estudo recente da *Connect Shopper*, para mais de 70% dos varejistas, boa parte das indústrias ainda tendem a apresentar propostas e projetos "sindicalizados", ou seja, mesmo projeto igual para todos, apesar das diferenças entre lojas e perfis de *shoppers*. Muitas ações, inclusive, sequer são adequadas para determinados perfis de varejo.

O estudo apurou, ainda, que 65% dos varejistas dizem, inclusive, que mais de 58% de seus fornecedores não possuem nenhum conhecimento sobre os *shoppers* de sua própria categoria.

No tema gerenciamento por categoria, por exemplo, um dos principais produtos do *portfólio* da *Connect Shopper*, boa parte dos varejistas afirma que mais de 60% das indústrias apresentam projetos prontos,e que não buscam entender qual é a estratégia do próprio varejista, como ele enxerga e trabalha a categoria, e reforçam: 46% entregam sugestões de planogramas padronizados. Segundo estes mesmos varejistas, apenas 3 em cada 10 indústrias sugerem e executam a construção de processos integrados e customizados.

Questionados durante o estudo sobre como a indústria poderia colaborar para os seus negócios, os varejistas responderam:

- "É preciso maior envolvimento da indústria com o varejo";
- "Ter estratégias de canal claramente definidas é essencial";
- "Conhecer a realidade da empresa, da loja e de seu público (potencial de compra e necessidades)";
- "Conhecer e entender o cliente (nós) e nossos *shoppers* e compartilhar isso de maneira efetiva";
- "Investir e dar mais suporte para a execução dos projetos definidos";
- "Dar informações necessárias para que possamos tomar decisões tanto em compras quanto no ponto de vendas";
- "Trabalhar em conjunto com o varejo e ponderar as informações de modo menos tendencioso";
- "Ser mais participativos, abrindo mais os dados gerais do mercado, sendo verdadeiros nas recomendações";
- "Precisamos, de fato, construir algo em conjunto. Customizações são importantes para garantir o diferencial estratégico. Planos prontos e modelos sindicalizados não cabem mais".

Onde estão as oportunidades? Por onde começar?

Em resumo, estas são as expectativas dos varejistas em relação aos seus fornecedores:

- Ouvir o varejo e incluí-lo nos processos e nas definições internas: marketing, lançamento de produtos, campanhas, exposição, recomendação de mix, etc.;
- Compartilhar informações;
- Melhorar a comunicação entre parceiros e departamentos (Comercial/*Trade*, Operações e Logística);
- Maior alinhamento interno com todos;
- Abordagem eficiente de GC;
- Personalização;
- Processos e políticas claras;
- Nível de serviço adequado;
- Apoio no combate à ruptura;
- ROI e por aí vai.

A verdade é que o varejo também espera do fornecedor um trabalho de **"consultor/mentor das boas práticas"**.

Claro que, do lado do varejo, também há inúmeras oportunidades de rever falhas, desde temas relacionados ao descumprimento das políticas e propostas acordadas até desconhecimento dos seus próprios *shoppers* e falta de processos. Seguem algumas opiniões de profissionais da indústria:

- "Muitos varejistas não cumprem as políticas acordadas";
- "O varejo não possui estratégia clara, não conhece seus próprios *shoppers*";
- "No varejo, faltam processos, informações de qualidade, entendimento de seus clientes".

Onde estão as oportunidades? Por onde começar?

Expectativas das indústrias em relação aos varejistas:

- Cumprir o que for acordado;
- Compartilhar informações;
- Melhorar a comunicação;
- Envolver sua equipe nos processos de JBP (Plano de Negócio Conjunto);
- Maior alinhamento interno com todos, incluindo as lojas;
- Garantir a execução dos planos;

- Processos mais delineados;
- Maior conhecimento sobre seus *shoppers*;
- Estratégia clara;
- Indicadores de desempenho.

O caminho é longo. Em termos de indicadores, o varejo, em geral, ainda está num nível muito básico, com ênfase em vendas e distribuição. Os mais utilizados são indicadores de vendas, *market share*, preço e nível de serviço (*fill rate* – taxa de atendimento de pedido, OOS – *out of stock* = ruptura, *lead time* = tempo entre pedido e entrega). E são poucos os que já adotaram indicadores de clientes, ROI, entre outros.

Um grande passo na jornada colaborativa é o desenvolvimento do tão falado *Joint Business Plan* (JBP), em português, Plano de Negócio Conjunto. O JBP é um plano em que consta toda uma série de estratégias definidas conjuntamente para serem executadas ao longo de um prazo pré-estabelecido entre indústria e varejo, visando alcançar resultados positivos para todas as partes, incluindo o consumidor final.

Os benefícios do JBP são inúmeros e permitem, sem dúvida, quando bem desenvolvidos e implementados, aumento de vendas e da massa de margem. E, hoje, temos à nossa disposição uma série de ferramentas e soluções que nos possibilitam mais agilidade nos processos e na gestão de JBP, desde ferramentas mais simples, com consultas, até outras mais avançadas, com uso de inteligência artificial, por exemplo.

"A tecnologia, sem dúvida, ajudou e muito a construirmos JBP mais direcionados, mas, sobretudo, a garantir sua implementação e manutenção; em paralelo, são necessários pessoas, processos, sobretudo muita comunicação e alinhamento", diz o VP comercial de uma grande indústria de bens de consumo.

Mas o objetivo deste capítulo não é apenas falar sobre a relação varejo-indústria em si, colaboração, relações comerciais, negociações ou planos de JBP. O objetivo principal deste capítulo é discutir a relação pela ótica do *trade* marketing e o uso de dados para a tomada de decisão, pilar essencial do projeto "*Insights* em Ação", que visa o uso de dados integrados, conectando a visão *shopper* + varejo + indústria e transformando-os verdadeiramente em *insights* com recomendações acionáveis (com aplicações práticas). Com este projeto bem aplicado, os resultados para varejo e indústria são excelentes.

Acompanhem, ao final deste capítulo, um bom exemplo de aplicação do projeto "*Insights* em Ação". A seguir, leia o artigo sobre o papel do *trade* marketing e o uso da informação para a tomada de decisão, de Tânia Miné, uma das maiores *experts* no assunto, professora e mestre na área, minha amiga e parceira do referido projeto.

O papel do trade marketing e o uso da informação para a tomada de decisão

Tania Zahar Miné *

Na década de 1990, as primeiras estruturas de *trade* marketing surgiram, no Brasil, nas indústrias multinacionais de bens de consumo, em função da demanda crescente proveniente dos canais de marketing, principalmente dos grandes varejistas globais, como Carrefour e Walmart, e posteriormente, já nos anos 2000, do Casino. Os canais ganharam importância e deixaram de ser pontos de acesso aos consumidores; a negociação entre varejistas e fornecedores ficou mais complexa e atender à demanda dos *shoppers* virou um desafio conjunto.

Ao longo de 25 anos, a área de *trade* marketing ganhou maturidade e vem adaptando-se às necessidades do mercado. Sua atual configuração é mais complexa e profissionalizada. O papel do *trade* continua a ser o de agregar valor aos resultados das empresas, com otimização do uso de recursos, melhoria na execução dos Ps do mix de marketing e busca pela satisfação das necessidades do *shopper*.

O ano 2020 acelerou a transformação digital dos processos de *trade*, por meio de soluções digitais que estão agilizando o planejamento de *trade* para clientes e categorias, a implementação e o controle das atividades do calendário promocional, o monitoramento de indicadores de execução, o gerenciamento de programas de incentivo, a gestão de CRM e o controle dos investimentos de *trade*, dentre tantas outras atividades que estão sendo incorporadas às plataformas de gestão da área.

Em 2020, observamos o crescimento do *e-commerce*, com ampliação da oferta de canais digitais, o que trouxe uma dinâmica diferente aos times de *trade*, que incorporam a gestão desses canais, cujas demandas são por respostas rápidas no que se refere a precificação, ativação de promoções, sortimento otimizado, conteúdo diferenciado e educativo, fotos e vídeos atrativos e abastecimento contínuo.

Quais são os principais indicadores?

A obsessão pelas métricas não é novidade para o *trade* marketing, ainda mais em uma área que responde por boa parte dos investimentos de uma empresa. Atualmente, é possível mensurar muitos indicadores, desde a performance do negócio e dos canais, a qualidade da execução, a operação de *merchandising*, a efetividade promocional, a jornada do *shopper*, dentre tantos outros.

Os indicadores de negócio, como faturamento, volume, margem, contribuição de margem e venda para o consumidor final (*sell out*), são fundamentais e devem ser acompanhados em nível nacional, regional e por canal. O acompanhamento pode ocorrer em período semanal, mensal, trimestral e anual.

Os indicadores de execução de PDV, inspirados nos Ps do mix de marketing, tanto no varejo físico quanto no digital, podem ser: distribuição, sortimento ideal, visibilidade e localização em loja, preço, positivação de campanhas e materiais, presença, ruptura. Esses são desenhados e acompanhados por formato de varejo e compartilhados com as equipes de *sell out* e *merchandising*.

O ROI de ações promocionais também deve ser utilizado para avaliar o retorno sobre o investimento de cada campanha.

É importante mensurar o grau de satisfação do *shopper* com uma determinada categoria ou loja, principalmente se ele está cumprindo sua missão de compra. Outro indicador é a *shoppability*, isto é, o quanto o *shopper* consegue navegar, escolher e comprar seus produtos sem dificuldade.

Para que servem os indicadores?

Os indicadores servem para mensurar o quanto o *trade* está agregando de valor ao negócio, se as ações promocionais são efetivas, se o manual de execução com todos os indicadores da categoria está sendo corretamente implementado e, sobretudo, para apontar a necessidade de ajustes na operação quando tais KPIs estiverem fora da meta.

Como utilizar?

É imprescindível criar um painel de informações que sinalizem a saúde da operação de *trade* marketing. É recomendável que este *dashboard* seja reproduzido em um relatório de uma página com sinais coloridos, que indiquem os parâmetros que estão dentro e fora dos objetivos. Porém, não basta apenas medir e analisar tais indicadores, e sim estabelecer planos de ação para corrigir os KPIs que estão distantes da meta estabelecida.

Muitas companhias de bens de consumo prometem aos acionistas que farão uma execução excelente no ponto de venda.

Numa rápida busca, encontramos vários projetos de "loja perfeita" nas páginas de relações com investidores, e isso denota a importância que a execução tomou no dia a dia das empresas. O desafio que se estabelece não é ter acesso às melhores informações, mas, sim, como utilizá-las de maneira inteligente para obter resultados surpreendentes.

* Tania Zahar Miné é
CEO da Trade Design

Vamos, então, ao projeto *Insights*[18] em Ação do Supermercado Tudo de Bom, desenvolvido pela Connect Shopper, Trade Design e Shopper Centric[19].

Tudo começou com a indústria em questão, que queria lançar/introduzir um produto de nicho já consolidado em canais específicos, no canal supermercado.

Como expandir a distribuição de um produto tendo o *shopper* no centro da estratégia?

O plano de ação vislumbrava desenvolvermos ações específicas para atrair, engajar e converter *shoppers* "entrantes e experimentadores ocasionais" do novo canal para a categoria/marca. Para responder à demanda desta indústria, aplicamos a nossa metodologia do *Insights* em Ação.

Etapa 1 - Diagnóstico inicial e validação da estratégia

A. Entender o mercado e a concorrência:
O mercado da categoria/marca estava em franco desenvolvimento; a marca já era líder no segmento, nos canais atuais, com mais de 40% de *share*;
B. Entender a categoria: para crescer, seria necessário ampliar a atuação para o novo canal e inovar nos atuais com um processo de desenvolvimento da categoria;
C. Entender a estratégia;
D. Realizar alinhamento interno: todas as áreas com um objetivo comum.

Etapa 2 - Estudos para entender o *shopper* da categoria e do novo canal

Diferentes *shoppers* x diferentes canais = diferentes ações.

Além dos estudos de comportamento, hábitos e perfil, realizamos um estudo de segmentação considerando a intensidade da compra: entrantes na categoria, ocasionais (compras esporádicas e baixo volume), compradores intermediários e *"heavy users"* (alta frequência e alto volume).

Enquanto nos canais tradicionais predominavam os *heavy users*

---

18   Baseado em um caso real.

19   "INSIGTHS EM AÇÃO" projeto em que eu, Tania Miné (CEO da Trade Design) e Tatiana Thomaz (CEO da Shopper Centric), especialistas reconhecidas em suas respectivas áreas, desenvolvemos para colocar em prática nosso propósito: transformar dados em *insights* acionáveis, unindo a visão varejo, *shopper* e indústria (*trade*).

e intermediários, no novo canal (supermercado), apuramos um perfil totalmente diferente: concentrado em entrantes e ocasionais com pouco conhecimento, baixa frequência, pouca intensidade/volume e baixa interação e conexão com a categoria, dentre outros fatores.

Etapa 3 - Avaliação, planejamento e desenvolvimento das ações de trade

Do planejamento à implementação, consideramos todos os Ps: produto, preço, promoção, prateleira, PDV, publicidade. Em paralelo à execução desta terceira etapa, já iniciamos a quarta etapa, descrita a seguir.

Etapa 4 - Pesquisa: ouvir os supermercadistas

Nas entrevistas realizadas, verificamos que os supermercadistas não conheciam muito sobre a categoria. Eles não entendiam a relevância dela para o *shopper* e nem o seu potencial dentro do canal.

"O que podemos ganhar com isso?", questionavam.

Pensando na linguagem do varejo de giro, margem e curto prazo, a resposta estava no ganho de margem, em torno de 35%, a maior dentre categorias correlatas, percentual este que contribuiria para alavancar a margem da categoria e melhorar a solução para o *shopper*.

Mas, ao ouvir o varejo, deparamo-nos com várias questões:

• *Shopper* entrante e ocasional => necessário repensar o tamanho da embalagem, garantir um mix inteligente (excesso poderia ocasionar falta de giro, o que levaria à morte da categoria);

• Baixo conhecimento, envolvimento e conexão com a categoria => necessário repensar além do tamanho da embalagem, conteúdo, rotulagem, ações de comunicação e informação ao *shopper* – marketing e *merchandising* no PDV, dentre outros pontos;

• Categoria com baixa penetração = conveniência.

As categorias que contribuem para a conveniência equivalem de 15% a 20% das categorias de um varejista como lugar de única parada de compra (*full solution*).

Bem, finalizada a etapa de levantamento de informações, diagnósticos e mapeamentos, fomos para a etapa de "aplicação da inteligência".

Lembram-se do capítulo 4? Planejamento, coleta, análise/geração de *insights* e disseminação, implantação e avaliação dos resultados. Realizadas as etapas de gerações de *insights* acionáveis, fomos desdobrar os aprendizados em cada um dos Ps, como segue:

a) Produto:
Em relação ao portfólio tradicional, para o super, apenas foram direcionados 20% do mix – realmente o essencial para oferecer uma "solução" mínima ao *shopper*, com algumas poucas variantes (categoria de conveniência). Segmentação da categoria de acordo com os diferentes perfis de *shoppers*;

b) Preço & promoções & MPDV (materiais de ponto de venda):
Para o novo canal (super), foi necessário rever a política de preço. Para não gerar problemas com os canais tradicionais (lojas especializadas, e-commerce, etc.), criamos uma política específica por canais, tendo o *shopper* no centro das decisões e precificadores para garantir a identificação deles. Isto porque o *shopper*, muitas vezes, abandona a compra por falta de preço. Ações personalizadas com *sampling* do produto, materiais de PDV bem inovadores e relevantes, com uso de: *QR code, wobbler* e *stopper*, para ajudar o *shopper* no entendimento da categoria;

c) Prateleira:
A exposição correta dos produtos, com auxílio de materiais de *merchandising*, facilita a busca do consumidor pelo item e estimula a compra, ou seja, inspira o *shopper* a comprar. Implantando o racional de exposição adequadamente, definem-se o espaço, a localização e as quantidades certas de produto e garante-se a eficiência nas vendas.

Lembrando que 80% da conversão de clientes estão diretamente correlacionados com a exposição.

Por ser uma categoria de conveniência, deve-se estar ao alcance das mãos do consumidor, para incentivar a compra por impulso. Assim, criamos um racional de exposição alinhado com a categoria, dedicando espaço *fair share* (participação justa) e levando em conta a árvore de decisão do *shopper*.

Resultados:

- Aumento de 3 pp na penetração da categoria (presença em cupom);
- Vendas superiores às estimadas, exigindo do Supermercado Tudo de Bom antecipar o novo pedido do produto;
- Aumento significativo da rentabilidade da categoria como um todo.

"O sucesso foi tamanho que, três meses depois, saímos de dedicar apenas uma prateleira para ocupar meio módulo", diz André, diretor Comercial da Indústria, muito contente com os resultados. Foram tantas as ações neste projeto *Insights*. Mas, sem o apoio da tecnologia, seria impossível realizar tantos feitos em tão pouco tempo.

Acompanhem, no próximo capítulo, como a tecnologia pode ajudar na gestão do varejo e saiba mais sobre o Supermercado Tudo de Bom.

6. O USO DA TECNOLOGIA NA TOMADA DE DECISÃO

Como a tecnologia pode ajudar na gestão do varejo?

O mundo dos negócios, marcado pela alta competitividade, por inúmeras e intensas transformações, tem exigido um uso veemente de tecnologia, hoje muito mais acessível. A evolução tecnológica vem se tornando uma grande aliada de empresas e gestores, por permitir responder de maneira mais ágil, rápida, prática e inteligente a todas essas transformações e possibilitar um processo de tomada de decisão efetivo e acertado.

São diversas as tecnologias adotadas e para diferentes finalidades, seja para a gestão do negócio como um todo, seja para a inovação, seja para a gestão de clientes ou para a gestão das áreas financeiras, contábeis, para a Inteligência Competitiva e de Mercado, ou ainda, para a solução de problemas, na gestão de mix, no melhor entendimento do uso de dados, entre outras aplicações.

É um segmento que vem se tornando estratégico, fazendo, inclusive, com que os profissionais especializados da área ganhem relevância e destaque.

Os benefícios são muitos, desde processos mais ágeis, maior eficiência na comunicação interna e externa, redução de custo, aumento de receita, aceleração da transformação digital, maior produtividade e vantagem competitiva no mercado, até ter um processo bem estruturado para integração entre setores e informações, com melhor uso e segurança da informação na tomada de decisões mais efetivas e acertadas, garantindo que a organização esteja no caminho certo, com crescimento e perenidade.

Aponto, aqui, dois grandes pilares essenciais que contribuem para destacar a relevância do uso de tecnologias para gestão orientada por dados:

1. Sobre a integração das informações: com o auxílio da tecnologia, por meio de sistemas de gestão, *softwares* especializados, automação de processos e computação em nuvem, por exemplo, a manipulação e o compartilhamento de informações é uma realidade que permite aos líderes e executivos maior confiabilidade e melhor embasamento para suas decisões;

2. Sobre a agilidade das decisões: para manter-se alinhado ao mercado e gerar vantagens competitivas, é necessário fazer uma análise constante e tomar decisões rápidas. A tecnologia também contribui para este tema, por meio da integração de diversos sistemas, da facilidade na comunicação entre diferentes áreas e regiões, ajudando no fluxo de informações.

Mas, para potencializar seu uso e resultado, é crucial entendermos a fundo qual é o problema que queremos resolver ou a atividade que queremos desenvolver com ela e escolhermos aquela, a melhor, a mais adequada para responder de maneira efetiva a essas necessidades.

Cada empresa tem suas especificidades e realidade e, na prática, demanda tecnologias distintas, desde as mais simples até o uso de inteligência artificial, aprendizagem avançada da máquina, internet das coisas (IoT), arquitetura de segurança adaptativa e serviços em nuvem, dentre outros. E a maneira como a tecnologia é escolhida e implementada pode ou não potencializar os resultados, pode ou não gerar o efeito pretendido. Portanto, atenção na escolha.

De acordo com a consultoria Gartner[20], "as empresas, em geral, passaram a ter consciência de que precisam — e muito — de uma visibilidade completa dos dados para potencializar sua gestão e gerar *insights* acionáveis para apoio à tomada de decisão".

Seguem algumas tendências estratégicas em "*data & analytics*" que, segundo a Gartner, vão levar as organizações "da crise à oportunidade":

1. *Data & analytics*[21] e IA mais inteligente;

---

20   A Consultoria Gartner foi criada no final da década de 1970, por Gideon Gartner, e tem atuado no ramo de pesquisas, consultorias, eventos e prospecções acerca do mercado de TI. A empresa mantém o foco na criação de conhecimento que facilite a tomada de decisão.

2. *Dashboards* em baixa e fortalecimento do *data stories*;

3. Inteligência de Decisão: mais de 33% das grandes organizações, segundo este estudo da Gartner, terão analistas praticando Inteligência de Decisão, incluindo modelagem, até 2023;

4. *X analytics* ou análise X: segundo a Gartner, o "X" pode ser substituído por qualquer conteúdo estruturado e não estruturado. Exemplo: aplicação de IA em vídeo, áudio, vibração, texto, emoção e outros conteúdos para extrair *insights* e análises para apoiar decisões;

5. Gerenciamento de dados aumentado terá destaque, utilizando *machine learning* e inteligência artificial para transformar metadados de uma empresa em informações.

Hoje, existem diversas tecnologias para aprimorar a rotina de operações e gestão das empresas e facilitar a tomada de decisões.

Entre as principais, podemos citar:

- Gestão de processos, de operações, da cadeia de suprimentos, de perdas, de pessoas, de tempo;
- Gerenciamento por categoria;
- Sistema de gestão integrada;
- Acompanhamento das informações mais relevantes;
- Promoção da gestão à vista;
- Informações e pesquisas em tempo real: soluções que oferecem recursos *web*, com dados atualizados em tempo real, com acessos por qualquer meio;
- Inteligência de negócio: aplicação desde a definição de indicadores, elaboração de metas até a geração de relatórios;
- Integração da loja física com a *on-line*;
- Melhoria na interação com o cliente;
- Melhoria na experiência dos consumidores e *shoppers*;
- Melhoria na saída do caixa com redução do tempo na fila;
- Meios de pagamentos;
- Estudos e monitoramentos de mercado, categoria, marca, concorrência, dentre outros.

Acompanhem o que diz Fabio Camparini sobre o uso da tecnologia para a tomada de decisão, em artigo exclusivo para este livro.

---

21 *Data & Analytics: 5 tendências para as empresas ficarem de olho em 2021*. Disponível em: <http://www.mundomaistech.com.br>.

O uso da tecnologia para a tomada de decisão

Fabio Camparini *

Gostaria de iniciar o artigo com as seguintes afirmações:

"Decisões assertivas deverão levar em consideração dados integrados em tempo real, para que sejam mais fluidas."

"Decisões serão tomadas após compreensão da interdependência das variáveis que definem o cenário em um determinado momento."

"A era da análise de dados estanques ficou para trás. Daqui para a frente, precisaremos entender a correlação dos dados, as leis de causa e efeito dentro de um determinado ambiente. Uma decisão afetará todo o ecossistema e criará um padrão de funcionamento."

Estamos inseridos em um mercado que se torna cada vez mais competitivo. A velocidade das mudanças tem aumentado exponencialmente e requer que o varejista esteja preparado para competir neste ambiente.

Os *smartphones* democratizaram o acesso à informação. Hoje, temos pessoas muito mais conscientes e exigentes de seus direitos.

Os ciclos de mudanças estão cada vez mais curtos. Em paralelo, temos uma hipersegmentação do consumo e o *mindset* da Revolução Industrial *one fits all* já não funciona mais. Neste sentido, o ganho de escala caminha em sentido oposto à customização da mensagem ao indivíduo.

Não bastassem todas essas mudanças, 2020 foi marcado por uma pandemia. Assim como qualquer outro acontecimento histórico de ruptura de padrões da sociedade, a pandemia veio para definir um novo comportamento do ser humano, novas regras na economia e, principalmente, um novo padrão de consumo.

Tudo novo de novo

"Vamos começar
Colocando um ponto final
Pelo menos já é um sinal
De que tudo na vida tem fim."

Assim como diz a letra desta música de Paulinho Moska, temos a impressão de que quando estamos começando a entender a regra do jogo e a capturar resultados, as regras mudam e temos que aprender tudo novamente. **Tudo novo de novo!**

Neste momento, deparamos-nos com um desafio: como criar e manter vantagem competitiva neste ambiente onde a única certeza é de que tudo vai mudar novamente?

Conseguirão obter vantagem competitiva aqueles que lograrem, por meio do uso de dados, diagnosticar o cenário e adaptar-se rapidamente às mudanças.

Falando em adaptação, gostaria de trazer para reflexão duas frases do Pai da Teoria da Evolução, Charles Darwin:

"Na história (dos animais também), aqueles que aprenderam a colaborar e improvisar foram os que prevaleceram."

"A sobrevivência de um organismo depende da sobrevivência de um outro."

Após abordar os aprendizados da Teoria da Evolução, você deve estar se perguntando: o que isso tem a ver com o uso de dados para a tomada de decisão?

Vejamos, abaixo, o modelo criado por Silvio Meira[22]:

Não se trata mais de engrenagens e catracas

Não cabe mais a mentalidade da Revolução Industrial

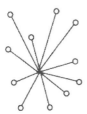 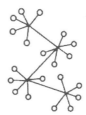 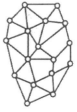

Centralizado Descentralizado Distribuído

Vamos analisar estes três diferentes modelos, avaliando o caminho que os dados devem percorrer para que uma importante decisão seja tomada.

• **Centralizado**: um único ponto focal avalia o entorno e toma uma decisão, repassando esta ordem para todas as áreas da empresa;

[22] Fundador e Presidente do Conselho de Administração do Porto Digital, Professor Extraordinário da Cesar School, Professor Emérito do Centro de Informática da UFPE e *Chief Scientist* da Digital Strategy Company.

- **Descentralizado**: as informações são avaliadas e cada ponto focal (neste exemplo, quatro pontos) toma as decisões que sejam as melhores possíveis para si, mas não necessariamente para o todo;

- **Distribuído**: já no modelo distribuído, os dados pertencem aos pontos focais em todas as áreas de uma empresa e a integração é total. Todos os pontos estão conectados; a interdependência entre as funções é fluida.

A cada decisão/ação tomada existe uma reação, ou seja, um impacto sobre as demais áreas que redefine instantaneamente um novo padrão.

Portanto, como afirmou Charles Darwin, estaremos cada vez mais conectados e interdependentes, e aqueles que conseguirem adaptar-se, colaborar e improvisar prevalecerão.

Dentro deste contexto, o varejo tem criado a base para que a utilização de dados direcione a tomada de decisão.

Alguns anos atrás, nas décadas de 1970 e 1980, ter um ERP que organizava os dados do varejo era uma forma de abrir certa vantagem competitiva, pois era possível obter dados de forma automatizada para a tomada de decisão.

Nas décadas entre 1990 e 2010, ter um ERP não bastava. Os varejistas passaram a também utilizar ferramentas de *Business Intelligence* (BI) para transformar dados em informações de forma mais rápida e automatizada.

Com o crescimento exponencial e maior acesso à tecnologia, o aparecimento de *startups* iniciou uma grande transformação global.

Esta nova dinâmica mexeu com valores da sociedade. Por exemplo, nos últimos anos vimos que não precisamos, necessariamente, ter um bem, mas, sim, usufruir e ter acesso quando necessitarmos. Isso fica evidente com o crescimento dos aplicativos de carros, como Uber e 99. Como consequência, também estamos vivenciando a grande transição que a economia vem sofrendo, em que os serviços vêm ganhando relevância. Podemos citar os serviços de *delivery* iFood, Rappi, Singu e todos estes exemplos que utilizam a tecnologia como meio para que os serviços prestados sejam extremamente eficientes.

Mas o que isso tem a ver com o varejo?

Estamos na era da colaboração e das conexões. Não existe uma solução única que resolva todas as dores do varejo. Desenvolver sua própria solução tende a levar muito tempo e ser extremamente caro e nunca terá a velocidade de uma *startup* focada que se propõe a resolver apenas aquele problema. Para ser competitivo, torna-se cada vez mais importante o varejista plugar soluções que possam garantir a contínua evolução de seu negócio. Inclusive, vemos muitos varejistas já integrando serviços como o Rappi.

Para exemplificar, podemos citar a relevância que o *e-commerce* teve nesta pandemia. Ter um *e-commerce* deixou de ser apenas uma opção e tornou-se praticamente uma obrigação para garantir o faturamento no momento em que o cliente reduziu a quantidade de visitas aos varejos. Vimos muitos varejistas implementarem esta modalidade em tempo recorde.

Neste caso, a tecnologia embarcada do *e-commerce*, geralmente envolvendo terceiros, foi utilizada como "meio" para garantir o faturamento, não perder o cliente para um concorrente e, como consequência, a sobrevivência de muitos varejistas.

Cito o exemplo acima, pois, quando a tecnologia é utilizada como fim, vira custo e não traz benefícios. Já quando utilizada como meio, gera eficiência e faturamento incremental, como foi o caso do *e-commerce* durante a pandemia. A tecnologia deve ser utilizada com viabilizador de uma estratégia e, para se obter sucesso, a tríade a seguir é vital: processo, disciplina e tecnologia.

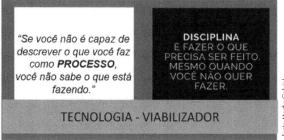

Mas isso requer quebrar padrões enraizados no varejo. Algumas máximas históricas do varejista:

- Posso confiar nas recomendações de uma máquina?
- Os computadores vão acabar com os empregos?
- Por que devo compartilhar meus dados?
- Sempre fiz assim e sempre deu certo!

Quando falamos sobre utilizar dados para tomar decisões, vemos que computadores e seres humanos são complementares, como demonstra Martha Gabriel nesta imagem:

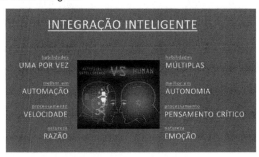

A tecnologia acelera a análise de dados e traz *insights* mais abrangentes quando comparamos com a velocidade de processamento do ser humano, mas é o gestor que toma a decisão.

Computadores e *softwares* conseguem calcular e automatizar com velocidade de processamento infinitamente maior que a do ser humano. Porém, apenas o gestor possui senso crítico, conhecimentos e experiência necessários para tomar a melhor decisão para o negócio.

Como sabemos, o varejo faz-se nos detalhes! E, devido à complexidade e ao grande número de variáveis, aliados ao dia a dia frenético, sabemos que é praticamente impossível o varejista avaliar todas as possibilidades de rentabilizar o negócio. A impressão que temos é de que estamos sempre deixando dinheiro na mesa, por falta de braços e capacidade de análise.

Um gestor responsável por uma rede de varejo que trabalha com 18 mil SKUs e tem 12 lojas necessita fazer mais de 2.8 milhões de análises todos os meses para identificar suas oportunidades de captura de resultado. Para aqueles que não adotaram tecnologia, essas análises são manuais, demoram muito para ser feitas, geralmente utilizam bases de dados diferentes entre as áreas e necessitam de muitas pessoas no processo para ser realizadas. Impossível!

Dependendo da cultura da empresa onde os dados estão sendo analisados, o ser humano, preocupado com sua posição e reputação, acaba filtrando as informações que serão compartilhadas, como forma de garantir seu emprego e esconder suas falhas.

Neste exemplo acima, a tecnologia pode ser utilizada como meio para acelerar, avaliar, quantificar as oportunidades e criar um plano de ação único e integrado para toda a empresa.

Vejamos, nos exemplos abaixo, capturados pelo *benchmaking* da *start up Smart Sell Pro*, algumas máximas na gestão do varejo que faz com que tenhamos a real noção de como a rentabilidade está escoando entre os dedos.

Máxima 1: Portfólio ineficiente trava o capital de giro e gera custos desnecessários em toda a operação. Menos é mais!

Máxima 2: Excedente de estoques trava o capital de giro. A falta de caixa impossibilita boas negociações e cria rupturas. Decisões relacionadas ao estoque devem ser fluidas, pois têm causas e efeitos importantes.

Máxima 3: A não definição do objetivo dos SKUs na composição da estratégia do portfólio e a falta de disciplina na análise das margens cria desvios de rentabilidade significantes no resultado.

Utilizando tecnologia, mapeamos as oportunidades em uma rede regional de 12 lojas. Esta rede apresentou 172.176 oportunidades identificadas! Em apenas uma hora, já temos uma recomendação bastante detalhada de todas as frentes de captura, quais são os SKUs que apresentam oportunidades e os respectivos valores de captura para cada ação.

De acordo com a recomendação, vemos que este varejista pode reduzir seus SKUs de 12.271 itens para 10.487 e capturar R$ 482.006,00 de massa de margem adicional (recomendação = R$ 5.909.842,12 menos o valor atual = R$ 5.427.836,85) e liberar R$ 8.493.387,75 de capital de giro.

Não basta apenas quantificar a oportunidade: torna-se necessário saber quais são os SKUs que apresentam oportunidade e quais são as ações necessárias para corrigir a rota. Como mencionei, toda ação gera uma reação e, por este motivo, é muito importante entender quais serão os impactos destas ações. Alguns modelos preditivos conseguem fazer a projeção de impacto em cada item. Por exemplo, vejamos o plano de como podemos gerar eficiência do portfólio:

Software calcula SKUs com baixa performance, faz a recomendação de cada SKU e informa o respectivo impacto na operação e no capital de giro da empresa.

SIMPLIFICAR E RENTABILIZAR

Inativar 4 SKUS sem movimentação em 90 dias

Descontinuar **1787** SKUS (14% do portfólio)com baixo impacto no resultado:

Faturamento: 0,15%	Volume: 0,05%	Margem: 0,23%

Neste exemplo acima, a recomendação de retirar 14% do portfólio pode parecer agressiva, porém o impacto sobre o resultado total é bastante baixo, como vemos nos percentuais: 0,15% em faturamento, 0,05% em volume e 0,23% em margem.

Como já citamos, o *software* faz a recomendação, mas o gestor toma a decisão.

Vamos supor que, neste caso, o gestor tomou a decisão de retirar apenas 20 SKUs, priorizando liberar capital de giro.

Com esta ação, o gestor retirou itens com baixíssima performance de faturamento e massa de margem, porém capturará excelente capital de giro relevante para a operação, conforme abaixo:

- Faturamento mensal: R$ 541,16;
- Volume mensal: 15 unidades;
- Massa de margem: R$ 192,63;
- Capital de giro liberado devido à retirada dos SKUs do portfólio: R$ 98.430,21.

Ou seja, neste novo modelo de negócios, onde tudo está interligado, nossas decisões precisam ser cada vez mais eficientes e assertivas. Para isso, os dados são vitais e a tecnologia deve ser nossa aliada nesta jornada.

*Fabio Camparini é CEO da Smart Sell Pro

Vamos rentabilizar!

Dentro dos processos de Paulo para transformar o Supermercado Tudo de Bom em uma empresa orientada por dados, a tecnologia foi uma superaliada. Foi necessário mudar o ERP (o anterior era bem caseiro e hiperlimitado) e incorporar ferramentas para a gestão orientada por dados.

Apenas adquirir ferramentas resolve o problema? Não, ao contrário. Paulo já tinha tido experiências em empresas que investiram milhares de reais em aquisição de ferramentas de *pricing* sofisticadíssimas e que nunca evoluíram em implementar a precificação estratégica. Você deve estar se perguntando: como assim? Por que isso ocorreu?

Adotar tecnologia é crucial para transformar a empresa em *"data--driven"*, já vimos os inúmeros benefícios que ela pode agregar – melhorar produtividade, otimizar e agilizar processos, contribuir de maneira efetiva para a tomada de decisão, para reforçar alguns –, mas ela é apenas um meio, sem processos claros, metodologia, sem pessoas capacitadas, esquece!

"Não há tecnologia que funcione por si só", reforça Paulo. Como diz Grace Hooper[23]: "Um ser humano deve transformar informação em inteligência ou conhecimento. Tendemos a esquecer que nenhum computador jamais fará uma nova pergunta".

Ciente deste desafio, uma das ações de Paulo foi buscar, por meio da tríade da gestão do varejo: pessoas, processos e "plataformas" –, a integração entre a educação e a formação da equipe como pilar estratégico, a implantação de processos e a aquisição de ferramentas necessárias para essa transformação.

No tocante à ferramenta em si, a implantação da *Smart Sell Pro*[24], citada no artigo anterior, capturou grandes oportunidades para o Supermercado Tudo de Bom. Situação inicial:

• 20% dos itens respondiam por mais de 70% das vendas, mais de 70% com margens inferiores a 20% e 3.400 itens com vendas anuais inferiores a R$ 100,00. Milhares de oportunidades perdidas.

---

23   Cientista da computação pioneira em programação.

24   Smart Sell Pro: uma *startup* (modelo SAAS) baseada em algoritmos, com o objetivo de suportar os gestores a tomar decisões pautadas em dados.

Ações executadas:

• Saneamento de mix: com a ferramenta, foi realizado um trabalho inicial de saneamento, que a diretoria chamava de "mato alto". Os ganhos foram substanciais – redução de 20% no número de itens com incremento de dois dígitos de faturamento e 1,5 pp na margem;

• Implantação de processos: alguns processos foram revistos; outros implementados, como seis novos processos, desde aqueles para cadastro de produtos até alguns nas relações entre as áreas (todos integrados);

• Pessoas: *workshops* trimestrais com o time (cocriação) + plano de mentoria com os líderes das áreas para, de fato, com base em dados, desenvolverem-se planos de ações efetivos, considerando todos os Ps e o posterior desdobramento para as equipes.

Enfim, a partir deste movimento inicial, após um período de adaptação, formação e engajamento da equipe, dos processos, das ferramentas e de transição entre *feeling* e dados, chegou o dia da tão desejada "virada de chave", da entrada efetiva do Tudo de Bom na gestão orientada por dados.

Acompanhem, no próximo capítulo, o que o exemplo do Supermercado Tudo de Bom ensina-nos sobre como transformar dados em *insights* acionáveis.

7. TRANSFORMANDO DADOS EM INSIGHTS ACIONÁVEIS

Aplicando conhecimento em ações direcionadas para maximizar resultados

Conforme já destacamos em capítulos anteriores, profissionais e empresas precisam, cada vez mais, ser "alfabetizados" em dados, desde a seleção (garimpo), nas análises, até a geração de *insigths* acionáveis, ou seja, em como desdobrar o conhecimento adquirido na prática no negócio.

Segundo Claudio Czapski, que foi superintendente do ECR Brasil por mais de 20 anos, "a grande riqueza não está nos dados em si, mas, sim, na capacidade de usá-los de forma concreta, analítica, integrada, consistente e acionável".

Saber como transformar dados em *insights* acionáveis para tomada de decisão melhora, e muito, os resultados e contribui para alcançar e, muitas vezes, suplantar as metas.

Mas qual o ciclo, qual o processo, como extrair *insights* acionáveis de dados brutos, como transformar dados em ações efetivas para apoio à tomada de decisão e aplicação prática no negócio?

Vamos começar por definir o que é insight.

Você deve estar se perguntando: será aquela ideia brilhante? Será aquela "luz mágica" da ideia que aparece de vez em quando? Esquece. Ao contrário, os *insights* não aparecem feito mágica, ao acaso; é preciso um trabalho constante na busca por conhecimento, somado a técnicas e, mais recentemente, aliado ao uso cada vez mais intenso de tecnologia. Isso vem permitindo, como já citamos, processar de forma ágil, prática e rápida inúmeros dados e fontes, fazendo as devidas conexões, correlações e cruzamentos.

Existem muitas definições para *insights*. A palavra em si vem do inglês e é usada para referir-se ao momento em que uma pessoa compreende algo de forma súbita, ou que consegue encontrar a solução de um problema ou situação complicada. Refere-se à capacidade de obter uma compreensão profunda, intuitiva e precisa de uma pessoa, coisa ou dado.

No nosso caso, vamos delimitar a geração de *insights* em "análises", obviamente consistentes, inteligentes e aplicáveis ao negócio. Analisar, para a ação, envolve: inteligência + *insight* + compreensão + sabedoria e, como diz o filósofo e escritor Matshona Dhliwayo: "A inteligência diz a você o que fazer. O *insight* mostra como fazer isso. A compreensão diz quando fazer isso. A sabedoria lhe diz por que fazer".

O fato é que o tema análise de dados faz parte das disciplinas mais discutidas nos últimos anos, sobretudo com o *"boom"* de informações. Recentemente, ganhou alguns componentes/recursos, como o *Big Data*, os sistemas de *Business Intelligence* (BI) e os *softwares* de inteligência artificial – estes ainda pouco utilizados, mas que vêm ganhando novos adeptos à medida que se tornam mais acessíveis, inclusive para pequenos e médios empreendedores.

Transformar dados em *insights* acionáveis (análises), aplicando-os verdadeiramente na tomada de decisões, é um dos aspectos mais relevantes da atualidade na gestão do negócio.

Mas como aplicar, na prática, a análise de dados na tomada de decisão?

A tomada de decisão orientada por dados ou, como diz Paulo do Supermercado Tudo de Bom, utilizando o termo em inglês, *data driven decision making*, é um processo que se inicia com a coleta de dados para a obtenção de análises e de *insights* sobre vários aspectos da empresa, conforme já vimos em outros capítulos: definições estratégicas, sobre a saúde financeira, sobre os planos e as estratégias de marketing, sobre as oportunidades e riscos do negócio, sobre entendimento do cenário e competidores, sobre atração e retenção de clientes, dentre outros aspectos.

Trata-se de adotar metodologia, processo, técnicas e tecnologia e ter disciplina para fazer com que as decisões dentro da empresa sejam baseadas em análises de dados, ou seja, em métricas e KPIs mensuráveis.

Investir em novas tecnologias para acelerar o desenvolvimento da empresa é uma realidade e necessidade. A aquisição de um *software* de análise de dados para melhorar a tomada de decisão traz inúmeros benefícios. Mas não podemos esquecer-nos do componente humano.

Voltando ao processo de análise, uma vez captados os dados, garimpando aquilo que é relevante, faz-se necessário tratá-los adequadamente para garantir que os dados que entram venham de forma organizada e correta, com a qualidade exigida para análises consistentes. Um amigo, CEO de rede varejista de São Paulo, costuma dizer: "Se entra coisa boa, sai coisa boa, e o contrário é verdadeiro".

É, portanto, necessário contar com uma base de dados bem estruturada, com ferramentas de BI que ajudem desde a coleta, passando pela melhoria da qualidade do dado em si, bem como para a correta interpretação dos dados, proporcionando análises e *insights* acionáveis (inteligentes e aplicáveis) para a tomada de decisões, conforme modelo a seguir, que dará o passo a passo para a geração de *Insights*/análises acionáveis e aplicações práticas no negócio.

Segundo Peter Drucker – um dos maiores especialistas em Administração Moderna, consultor administrativo, analista financeiro, professor, jornalista e escritor austríaco –, "sempre que nos deparamos com uma empresa bem-sucedida, é porque alguém, algum dia, tomou uma decisão corajosa".

Para gerar *insights* mais precisos, é muito importante que os dados relevantes sejam coletados, confrontados e analisados. Além disso, os objetivos estratégicos da empresa devem estar claros, com metas realistas e KPIs bem desenhados para refletir a realidade da companhia. É sobre esses pilares essenciais que são definidas as regras de negócio fundamentais para a criação dos painéis de análise das informações.

Com o avanço da tecnologia, os sistemas de BI estão cada vez mais amigáveis e possibilitam acesso rápido às informações. "Hoje, podemos acessar informações relevantes, KPIs em *Apps via mobile*", diz o diretor financeiro da rede Supermercado Tudo de Bom.

A seguir, o passo a passo para a geração de *insights*/análises acionáveis e aplicações práticas no negócio:

Fonte: Connect Shopper.

1. Identificação de necessidades/problemas:
Mapeie os objetivos estratégicos: nesta primeira etapa, devem-se identificar com clareza as reais necessidades, discutir, refletir sobre o problema a ser resolvido e até mesmo sobre o objetivo final a ser alcançado. Principais questões a serem respondidas nesta etapa:
- Quais são os "problemas" que queremos solucionar ou quais são nossas necessidades?
- Qual o objetivo esperado? Aonde queremos chegar?

As respostas para essas questões podem ser várias: aumentar vendas, aumentar *market share*, aumentar atração, conversão, tíquete médio, gerar mais margem, lucro, reduzir custos, despesas, sobressair-se à concorrência, gerar imagem de..., e por aí vai.

2. Coleta, garimpo e seleção das informações:
Para identificar o que coletar:

a) Elabore perguntas que direcionem sua busca; faça o máximo possível de questionamentos em relação ao seu objetivo estratégico para direcionar a busca por dados e informações sobre o problema/a necessidade central:
- Como aumentar o *market share*? – direciona-nos para a necessidade de um olhar profundo externo para avaliar o que o mercado e a concorrência estão fazendo;
- Como aumentar o tíquete médio? – direciona-nos para um olhar mais profundo para o cliente, sua cesta atual, o que compra e o que não compra dentro da loja, por que compra e por que não compra. Mapear as oportunidades de produtos, exposições e outras variáveis que permitam ao cliente incluir mais itens na cesta, inclusive posicionamento de preço (se estamos adequados), ações promocionais, etc.;

b) Busque dados/informações relevantes: hora de explorar as possíveis fontes de dados internas e externas + eventuais pesquisas secundárias (já existentes no mercado ou internamente) e/ou primárias (necessidade de executar novas pesquisas).

3. **Interpretações, análises, *insights*:**
De posse de todos os dados, informações e indicadores relevantes, é o momento de achar as respostas para as perguntas iniciais e refletir sobre os achados, tudo o que for relevante. Novamente, faça perguntas:

- O que já sabíamos e foi confirmado?
- O que aprendemos de novo?
- O que pode, de fato, nos ajudar a atingir nosso objetivo e "solucionar" o "problema" atual?
- O que as "descobertas" e os aprendizados geram de ideias?
- Quais seriam os efeitos e as possíveis consequências dessas ideias?

Ao responder a estas e a outras perguntas, você começa a gerar conhecimento relevante sobre o tema e cria insights (sempre com o foco de que sejam acionáveis).

4. **Transforme os insights em planos de ação:**
Fase em que você vai "desdobrar" todo o conhecimento em plano de ação. É, sem dúvida, uma etapa de extrema relevância. Os *insights* só são relevantes quando se tornam pontos acionáveis dentro do negócio. Algumas questões que podem ajudá-lo na construção do plano de ação*:

- Para que e para quem este *insight* é relevante?
- O que pode/deve ser feito com base nesse *insight*?

*Nesta etapa, você pode, inclusive, convidar potenciais usuários dos insigths (equipe interna) para cocriar com você – desenvolver o plano de ação conjuntamente.

5. **Implementação:**
Uma vez desenvolvido o plano de ação, é hora de a equipe agir, implementar o que foi acordado.

6. **Mensuração e controle:**
Implementadas as ações, é de suma importância que se tenham mecanismos de mensuração e controle contínuos, tanto em relação às ações realizadas quanto sobre os resultados, para sustentar a gestão orientada por dados.

"Contra dados (de qualidade, confiáveis, consistentes) não há argumentos."

7. Revisões e ajustes:
Você vai acertar sempre? Não, afinal, estamos inseridos num mundo em constantes transformações, num ambiente volátil, mutável, ambíguo, complexo e incerto. Recomendo a leitura sobre modernidade líquida e varejo líquido[25]. Assim, certamente, podem ocorrer situações e interferências inesperadas do ambiente externo, alheias à nossa atuação, sobre as quais não temos controle, tampouco gestão, e que nos obrigarão a efetuar revisões e ajustes nos planos desenhados inicialmente.

Veja o que ocorreu em 2020: a pandemia. Inesperadamente, nossos planos foram interrompidos, tiveram que ser imediatamente revisados, tivemos que nos adaptar – o que reforça ainda mais a importância da mensuração, do controle e do acompanhamento contínuo.

Dizem que, num mundo cada vez mais "V.U.C.A." (volátil, incerto, complexo e ambíguo), sobreviverão empresas e profissionais "V.E.C.C.A.A.A.S." – minha adaptação: visão, entendimento, clareza e coragem (este último, acrescentei), agilidade, adaptabilidade, atitude e sabedoria (estes dois últimos também acrescentados por mim).

A visão, tem a ver com responder a questões fundamentais sobre propósito, onde estamos, aonde queremos chegar, quais são as nossas medidas/métricas para avaliar os resultados.

O entendimento tem a ver com compreender todo o contexto, o cenário em que estamos inseridos, avaliar os *gaps* e as oportunidades – o que reforça ainda mais a importância de transformarmos nossas empresas para uma gestão orientada por dados.

Clareza em enxergar além do horizonte, o que está nas "entrelinhas", obter detalhes, ser capaz de avaliar todo o contexto, focar no que é relevante e não se perder num mar de informações. Compreender os fatos, sem perder o foco.

Coragem para tomar decisões, por vezes difíceis, mas necessárias.

Agilidade no sentido de "**adaptar-se**", com **atitude** para agir e reagir de forma rápida às mudanças, com flexibilidade e coragem de enfrentar o que está por vir, reagir rapidamente ao novo, corrigir rotas, revisar planos, começar de novo, resgatar temas e inovar. Lembre-se, o futuro – de que falaremos no próximo capítulo – é uma página em bran-

---

25   Disponível em: <https://www.consumidormoderno.com.br/2020/10/21/voce-sabe-o-que-e-varejo-liquido-e-a-sua-forca/>.

co e são nossas atitudes e escolhas do aqui e agora que nos ajudarão a escrevê-lo. Muito mais importante do que agir, é preciso, cada vez mais, agir com **sabedoria**. Cada ação é uma reação e pode gerar resultados positivos ou negativos, dependendo de como é executada. Portanto, muita atenção nas escolhas. Mas, voltando ao nosso tema sobre geração de *insights* acionáveis, para transformar dados em ações efetivas, segundo uma pesquisa feita pela KPMG Capital, "embora mais de 90% dos entrevistados digam que o *Big Data* é importante para a tomada de decisão, 85% têm dificuldades para analisar e interpretar com cuidado os dados e apenas 25% aplicam os *insights* revelados por meio dos estudos". Estas estatísticas mostram que temos uma grande jornada pela frente.

Acompanhem, a seguir, o artigo de Maristela Lourenço sobre a relevância e desafios das equipes no processo de análises e geração de *insights* acionáveis.

Pessoas e o processo de análise e geração de insights

Maristela Lourenço *

Tantas mudanças pelo mundo, e algumas essenciais ainda precisam acontecer de forma mais abrangente e efetiva em nosso varejo brasileiro. Quero chamar atenção para o tema: pessoas.

Quando falamos em varejo, temos realidades muito distintas - alguns superorientados à tecnologia, outros em processo de, e outros, nem tanto ou longe disso. Mas uma coisa possuem em comum: quando se trata de incorporar pessoas com perfis mais analíticos para gerar inteligência, *insigths* acionáveis, análises profundas e contribuir para uma gestão orientada por dados, neste quesito temos, ainda, grandes desafios e oportunidades.

É comum encontrarmos no varejo, principalmente no pequeno e no médio, equipes enxutas, mão de obra pouco especializada ou ainda inexperiente no que diz respeito ao uso de dados para tomada de decisão, manuseio de relatórios, interpretação de dados, análises e geração de *insights*.

Soma-se a isso o fato de a grande maioria limitar-se a considerar apenas alguns indicadores comerciais/financeiros como: vendas, volume, rentabilidade, giro, estoque, preço, com pouco ou nenhum uso e/ou conhecimento, de outros indicadores relevantes conforme Fatima Merlin cita no capítulo 1, em especial, de clientes. Na prática, isso ainda não faz parte da cultura de muitas empresas e, para piorar, geralmente não há verbas destinadas para estudos e pesquisas de seus clientes e demais atividades de uma área de Inteligência.

Sem dúvida, os desafios são inúmeros: passam por mudanças culturais; desmistificar o uso de dados; recrutamento e seleção de perfis mais analíticos; formação e capacitação das equipes para o uso de dados nas suas rotinas regulares e tomada de decisão; processos; tecnologia para estruturar as informações, facilitar o acesso e o uso, entre outros.

Ainda é preciso estabelecer processos claros de busca de informações relevantes para complementar o que já se possui internamente: definir fontes (dados secundários ou primários), onde, por quem, como, quando => aqui voltamos ao tema de se ter uma área de Inteligência.

Adotar uma metodologia que contemple os passos básicos e processos essenciais para a mudança da cultura do uso da informação e adotar um processo de comunicação e disseminação das informações/análises/descobertas para a empresa como um todo e ações contínuas para o engajamento de todos (reuniões, eventos, boletins, etc).

Estes desafios propõem uma mudança que não será fácil, por isso a palavra-chave é **persistir,** seguida de outra ação, que é **explorar** cada vez mais este universo, desmitificando as "análises para a tomada de decisão", tornando isso parte da rotina das equipes.

A tomada de decisão orientada por dados percorre todos os níveis, mas, quando o processo é bem conduzido, leva a decisões mais efetivas e direcionadas à maximização dos resultados.

Vale a pena o investimento!

*Maristela Lourenço é especialista em comportamento de consumidores e shoppers, análises, geração de insights

Necessidades e implicações para o varejo ser *data driven*: o que revela o exemplo do Supermercado Tudo de Bom?

Muito se fala em tomar decisões orientadas por dados, mas, na prática, muitas decisões ainda são por *feeling*, interpretações pessoais, experiências.

Segundo Paulo, diretor financeiro do Supermercado Tudo de bom, o que é preciso, na prática, para tornar-se uma empresa varejista orientada por dados:

1. **Invista na arquitetura de TI:** garanta que toda a informação seja coletada, armazenada e processada corretamente. Isso exige uma arquitetura de TI capaz de extrair e integrar dados de vários sistemas e fontes, incluindo fontes externas (*Big Data*);

2. **Garanta qualidade, acessibilidade, visibilidade e disponibilidade de dados:** para que sua empresa seja *data-driven* de verdade, onde dados tornem-se o pilar essencial das decisões, é crucial garantir a qualidade, a disponibilidade, fácil acesso e visibilidade dos mesmos. Isso exige uma boa governança de dados e interfaces, além de visualizações amigáveis, práticas e ágeis, que facilitem a compreensão, o acesso e o gerenciamento da informação;

3. **Invista na equipe:** é necessário formar, educar e capacitar a equipe para o uso de dados, como também, em muitos casos, agregar perfis mais analíticos em determinadas áreas e funções para darem suporte a toda a equipe. Nem todos têm facilidade e familiaridade com números, dados, menos ainda com análises e gestão de indicadores. Assim, é necessário um processo de formação, capacitação, metas e métricas, mas, às vezes, dar outro tipo de suporte a alguns colaboradores, de alguma maneira;

4. **Promova o uso de dados (decisões *data driven*):** para tornar-se uma empresa orientada por dados, é necessário engajar todos, inserir dados na cultura da empresa, criando gestão por indicadores (ex.: OKRs), incorporando-os nas rotinas de cada membro da equipe, em todos os níveis, sempre com foco em torná-los acessíveis, visíveis e disponíveis e estabelecer um processo de comunicação contínua e eficiente (reuniões regulares com a equipe, divulgação dos KPIs em murais, boletins internos, etc.);

5. **Seja exemplo**: como líder, você deve ser o primeiro a aderir a esta nova cultura;

6. **Comece pequeno**: poucos indicadores, os mais essenciais, e a partir da evolução, experiência e vivência, vá ampliando e incrementando gradualmente.

"A partir de todas as ações desenvolvidas, após um período de adaptação, ajustes e transição, atingimos nosso objetivo de ser verdadeiramente uma empresa *data driven*", diz o sr. Manoel, CEO e proprietário do Supermercado Tudo de Bom.

E o que esperar do futuro? Acompanhe no próximo capítulo.

8. CONSTRUINDO O FUTURO COM SABEDORIA

O protagonismo do amanhã

O futuro é uma página em branco e são nossas atitudes e escolhas no aqui e agora que nos ajudarão a escrevê-lo. Sejamos protagonistas!

Sem dúvida, predizer o futuro não é tarefa fácil, mesmo na era do *Big Data* e da Inteligência Artificial (IA). Temos inúmeros aspectos externos a considerar, extrínsecos ao nosso negócio, aos nossos desejos, planos, atitudes e inspirações que podem impactar toda e qualquer ação, haja vista o que ocorreu em 2020 e 2021, com a pandemia da Covid 19, com impactos profundos ainda a serem dimensionados.

Por outro lado, não podemos ficar sentados, esperando...

Devemos ser protagonistas, escrever nosso futuro a partir de nossas ações e decisões no aqui e agora. Daí, torna-se cada vez mais importante que todos nós tenhamos como pilar essencial o uso de dados para a tomada de decisão e que disseminemos isso no dia a dia do varejo, pois, se essa jornada for construída com pilares consistentes e com a adoção desta inteligência que discutimos até aqui, adotando a gestão orientada por dados e os princípios do "V.E.C.C.A.A.A.S.", sem dúvida, estaremos mais preparados e aptos para adaptarmo-nos, venha o que vier.

Bem, eu, com minha essência economista, pesquisadora e estatística, com total orientação por dados e tendo, neste livro, a missão de inspirar os leitores para transformarem suas empresas e implementarem uma gestão orientada por dados, para falar de futuro, fui buscar dados e mais dados.

Nos últimos meses, realizei uma das minhas paixões: pesquisa!

Utilizei diversas frentes e abordagens:

1. Grupos com jovens, para saber qual é o entendimento deles sobre o futuro;
2. Grupos com consumidores e *shoppers*, para discutir o varejo do futuro;
3. Entrevistas em profundidade com a 3ª geração de varejistas, participantes de processos de sucessão.

Então, bem-vindos ao futuro pelo olhar destes
três diferentes interlocutores.

Para os jovens (Grupo 1), o futuro é pautado pela tecnologia, pela interação, pela resolução rápida dos problemas/das necessidades: pudera, são da era da internet.

Tudo o que tinha a ver com tecnologia de ponta, eles sabiam de cor e salteado. Marcas, lojas e serviços, segundo eles, só irão se sustentar no futuro aqueles com propósitos claros, que entregam de verdade aquilo que prometem e de forma prática, ágil, resolutiva, sem complicações – palavras ditas nos grupos. Aliás, "veracidade, coerência e consistência" foram temas dos mais citados.

Ainda, dentre os jovens, ficou evidente a valorização de marcas – de varejo e de produtos – que estão contribuindo no aqui e agora, para a comunidade em que estão inseridos, que entregam um nível de serviço adequado, utilizando o mínimo de recursos possíveis, falam muito sobre escassez (incrível). Neste aspecto, possuem grande preocupação com os recursos; assim, acreditam que as empresas, para se sustentar e sobreviver, deverão, cada vez mais, investir e fortalecer práticas sustentáveis.

Ficou claro nos grupos de jovens o grupo do "compartilhar", do "fazer junto"! Acreditam que o País cresceria muito mais se os recursos entre empresas e pessoas fossem compartilhados, e novamente falam de recursos.

Entendem que o "compartilhar" será uma grande tendência para o futuro, já que os recursos estão cada vez mais escassos. Para eles, a diferenciação estará na inteligência, no que cada um faz com os recursos, não da posse em si. Achei interessantíssimo esse ponto de vista. E você?

Outro ponto que me chamou muita atenção, no grupo de jovens, foi o fato de que, embora "heavy users" de tecnologias – a era dos "high technologies", todos foram unânimes em citar a relevância do ser humano e de sua valorização no contexto. Em dois dos grupos, falou-se, inclusive, da moda da "tecno-humanização". E você, já ouviu falar nela?

Apenas abro parênteses para você entender do que se trata a tecno-humanização: ela aplica inovação e tecnologia para transformar pessoas e empresas em profissionais e organizações conscientes e rentáveis.

Falando em organizações conscientes, introduzi o tema "capitalismo consciente" para avaliar se conheciam o conceito e, se sim, o que falariam sobre. Fiquei positivamente chocada.

Pasmem: a maioria dos jovens sabia do que se tratava, mencionaram seu conceito, seus pilares essenciais (ter um propósito de contribuição para a sociedade, orientação para os stakeholders de forma equânime, liderança consciente e cultura consciente).

E mais, disseram que estão certos de que as empresas que sobreviverão no futuro, sem dúvida, serão aquelas que adotarem as práticas da "governança" e do capitalismo consciente.

Vou ser bem sincera: participar destes grupos de jovens foi

transformador. E olha que eu convivo regularmente com muitos jovens, uma vez que tenho um filho de 18 anos. Queridos leitores, vi e ouvi coisas incríveis, realmente extraordinárias.

Foi piada generalizada (bagunça e risadas) quando resolvi perguntar o que eles achavam sobre o uso de dados para tomada de decisão (objetivo deste livro).

A primeira reação foi: "Oi? Como assim? Existem empresas que não usam dados para tomar decisões?"; "Nossa, até mesmo a gente, qualquer necessidade, decisão, vamos atrás de informações para ver as melhores alternativas" (#ficaadica).

De verdade, foi um banho de simplicidade, de desprendimento, de saber, de olhar profundo sobre as dores do mundo, realmente incrível.

Ousaria aqui recomendar como "ações futuras" para vocês realizarem grupos de jovens em suas empresas. Acreditem, são geniais e transformadores.

Por fim, outros temas citados: colaboração, diversidade, trabalho, miséria, vacina...

Dos grupos de consumidores e *shoppers*, Grupo 2, quando perguntados sobre o varejo do futuro, veio a minha "certa frustração". Com todo o *boom* tecnológico, eu imaginava uma loja futurista, totalmente *"high-tech"*. Mas as respostas dos *shoppers* foram bem distintas. O desejo deles: "uma loja prática, resolutiva, onde encontre facilmente o que fui buscar, com preços adequados, de onde eu entre e saia rapidamente, com segurança"! O "com segurança", em especial, citado agora por conta da pandemia.

Notem que não há nada de *"high tech"*, futurista ou "uau"nos desejos dos consumidores e *shoppers*.

Quando fomos aprofundar o bate-papo para entender e traduzir esse desejo na prática, o que apuramos foi que, quando citam loja prática, resolutiva, encontrar facilmente o que fui buscar, estão se referindo aos produtos estarem disponíveis (sem ruptura – inúmeras reclamações neste quesito), visíveis e acessíveis, ou seja, segmentados, bem organizados, expostos levando em conta o processo de compra e decisão do *shopper*. Para isso, as lojas pensadas em soluções para atender às necessidades dos clientes (exemplo: cuidado da cozinha, cuidado da roupa, dentre outros), explorando momentos de uso e consumo.

É o tal do básico bem-feito, o fundamento, inclusive, do gerenciamento por categoria: o produto certo, com preços e quantidade adequados, exposto e sinalizado corretamente, no momento em que o cliente necessita.

Na prática, administrar o mix de produtos, os espaços que eles ocupam, os preços, as ofertas e promoções, a partir do profundo conhecimento do consumidor (*shopper*), de forma a rentabilizar mais a loja. Soma-se a isso, organizar/arrumar a loja considerando o perfil, o comportamento e as necessidades dos clientes, oferecendo a eles soluções, considerando a hierarquia de decisão de compra.

A verdade é que pouco se falou em tecnologia nestes grupos. O foco da conversa concentrou-se nas experiências de compra nas lojas físicas, mas, sobretudo, nas novas formas de compras no varejo: muita insatisfação.

Com a pandemia e o confinamento, o digital ganhou proporções exponenciais na pauta e na agenda de todos. Surgiram e fortaleceram-se diversas formas de se fazer varejo: do *e-commerce* tradicional ao "compra e retira", compra por WhatsApp e outros aplicativos, etc.

Em relação ao consumidor, até mesmo aqueles que nunca haviam experimentado uma compra *on-line*, diante de uma necessidade real, aventuraram-se e voltaram-se para o digital! De acordo com estatísticas de mercado, mais de 70% dos consumidores/*shoppers* compraram algo em alguma das novas formas de se fazer varejo neste período de pandemia.

Pesquisas recentes que fizemos confirmaram a insatisfação do *shopper* nos grupos de discussão quando o assunto foi compras *on-line*. Em abril de 2020, estudos realizados por nós, da *Connect Shopper*, com aproximadamente 2.000 consumidores, via internet, obtiveram uma avaliação com nota 4 de 10 para a experiência vivenciada (10 era a nota máxima). As reclamações vieram de todos os lados: as maiores foram sobre atrasos na entrega, pedidos incompletos, itens trocados, erros no valor cobrado, dificuldade de encontrar o produto (busca complexa e ineficiente)!

Claro que, na época, os varejistas responderam muito rapidamente, com várias ações para "minimizar" o impacto negativo na experiência do *shopper* e no negócio. Foram realizadas ações como: contratação de mais colaboradores (incluindo para separação, recebimento e entregas), ampliação do serviço oferecido, ampliação de horários de abastecimento e recebimento de produtos, etc. Mas, apesar de todo o esforço, em nova pesquisa, em agosto do mesmo ano, infelizmente, a nota ainda foi insuficiente: 6!

Varejo Conectado: Decisões Orientadas por Dados - *Fátima Merlin*

Aqui, uma questão para reflexão: no momento em que o *shopper* tiver mais flexibilidade e opções, será que ele vai manter-se tão ativo nas compras *on-line*, se melhorias não forem rapidamente executadas?

No Grupo 3, nas entrevistas com varejistas em processo de sucessão, muito se falou sobre o futuro:

- Mudanças significativas nas opções e no comportamento de compras: mais escolhas, menor lealdade;
- Mais informação e conectividade;
- Diferenças expressivas nos desejos, nas aspirações e no comportamento de diferentes perfis e "gerações" (*millennials*, idosos, saudáveis, etc.);
- Mundos *on* & *off* integrados e conectados: inúmeras possibilidades de acessar um produto/serviço;
- A era do "compartilhar", colaborar;
- Pessoas no centro;
- Explosão na disponibilidade de informações e crivo mais analítico: *Big Data*, inteligência artificial, etc.;
- O uso de dados para a tomada de decisão;
- Tecnologia como meio para otimizar processos, agilizar o acesso a dados, facilitar e apoiar a tomada de decisão e a gestão do negócio como um todo.

Aproveitando que estamos falando sobre as entrevistas com varejistas, veja o que diz Fernanda Dalben, diretora de marketing da Rede Dalben Supermercados: "O futuro realmente está pautado em dados, em especial dados sobre o cliente, conhecê-lo, entendê-lo e, sobretudo, saber o que fazer com os dados – o dado por si não significa nada, é crucial 'refiná-lo', 'minerá-lo'. Assim, se os dados são o novo petróleo, a inteligência artificial (IA) é a eletricidade – precisamos de informações precisas, concisas, e a IA pode ser grande aliada, sobretudo quando falamos em personalizar as ações – palavra de ordem da atualidade e mais ainda no futuro – personalizar serviços, atendimento; na verdade, falo sobre estabelecer relacionamento com o cliente, e não apenas um de vantagens ou fidelidade... E, uma vez que estabelecemos relacionamento contínuo com o cliente, podemos extrair inúmeras informações e utilizá-las de maneira inteligente em diferentes frentes, nos tornando relevantes e desejados e, com isso, nos diferenciando da concorrência".

Veja o que diz Claudio Czapski em seu artigo sobre a relevância do uso de dados e informações para mantermos o diferencial competitivo.

Os 4 pilares essenciais para manter o diferencial competitivo que o conhecimento por meio da informação oferece-nos

Claudio Czapski *

Desde os mais antigos registros e pesquisas sobre a vida na Terra, a informação destaca-se como um diferencial competitivo.

Saber onde encontrar água e alimento, como se proteger das ameaças, onde está o inimigo, o que comer com segurança, como levar produtos com rapidez e segurança de um ponto a outro, quais os meios para fazer a informação chegar com mais velocidade ao seu destino são alguns exemplos de conhecimentos que geram decisões vitais sobre necessidades que pouco mudaram com o passar dos séculos.

O que mudou foram os processos e as tecnologias que nos permitem registrar fatos e consolidá-los de formas que nos possibilitam trazer respostas para as diferentes questões que enfrentamos ou poderemos enfrentar, permitindo que tomemos decisões mais acertadas, tornando-nos menos vulneráveis.

Conforme discutido nos capítulos anteriores, a quantidade de dados que a tecnologia permite-nos registrar e analisar é quase infinita e, se não soubermos formular de modo muito preciso o que precisamos saber para tomar cada decisão, corremos o risco de perdermo-nos no labirinto (interessantíssimo) de informações a que temos acesso.

A consequência é que quanto mais preciso for o foco das nossas perguntas, melhor será a qualidade das respostas.

Isso no mundo ideal, claro. No mundo real, temos muitos outros desafios, especialmente os relacionados à qualidade dos dados, dos processos, da tecnologia e da nossa curiosidade. Quando começamos a vislumbrar as respostas das questões que formulamos, queremos saber mais e mais, para melhor fundamentar nossas decisões.

Para manter o diferencial competitivo que o conhecimento por meio da informação oferece-nos, no futuro, os vencedores tendem a ser aqueles que adquiriram competências em quatro pilares básicos:

1. Foco claro no que é essencial saber para fundamentar as decisões de cada momento;

2. Conhecimento amplo das fontes de informações confiáveis;

3. Fundamentação técnica sempre atualizada sobre características, tempos e custos das diferentes tecnologias ligadas à coleta e à análise de dados (da rede de contatos pessoais até as ferramentas de inteligência artificial), de modo a selecionar aquela mais custo-efetiva para cada situação;

4. Disposição para assumir riscos, sabendo que os dados são como atestados de óbito, registros de fatos passados e imutáveis, e que o ocorrido no passado dificilmente se repetirá no futuro.

O ano 2020 foi um claro exemplo da fragilidade dos sistemas de informação e processos de gestão, que, diante de uma realidade disruptiva, entraram em colapso; a salvação estando na inteligência e na colaboração de pessoas que, a cada nova crise, buscavam entender a dimensão dos problemas para criar, de modo ágil, alternativas de soluções viáveis naquele momento. Vimos aí a importância do foco claro para o que, de fato, precisa ser resolvido, em tempo curto, com as melhores informações de cada momento, trazendo resultados pela colaboração e disposição de assumir riscos de todos os envolvidos.

Por outro lado, temos decisões de natureza diversa: as tático-operacionais (relevantes para a busca de eficiência, eficácia e resultados no dia a dia) e as estratégicas (que definem a natureza dos negócios e o mercado, balizando as decisões de longo prazo).

Para as primeiras, estatísticas combinadas com ferramentas de simulação e modelagem mostram-se bastante eficientes, pois tratamos de melhorias contínuas, buscando oportunidades de ganhos marginais.

Já no segundo grupo, tentamos antecipar o futuro da demanda (desejos e necessidades de consumidores cada vez mais segmentados conforme estilo de vida, valores, etc.), da oferta (produtos, serviços e maneiras inovadoras de atender aos desejos e necessidades futuros), da distribuição (canais pelos quais os consumidores têm acesso ao que lhes é ofertado) e fatores de mercado, como economia, legislação, infraestrutura disponível, tecnologia, etc.

São análises e decisões muito diferentes, demandando foco, ferramentas, informações e tecnologias de tratamento destas informações totalmente diversas, além da disposição de correr riscos e apostar no desconhecido, como hoje fazem tantos visionários que se empenham em mudar a maneira de trabalhar por meio de *startups*, com mais inteligência e disposição de criar um mundo diferente de capital, afluindo na medida em que haja sucesso nas iniciativas.

O fato é que o pilar essencial da vida, em seus mais diferentes aspectos, é a capacidade de decidir o que fazer a cada momento e, para isto, buscar fatos ou indícios cuja análise ajuda-nos a viver melhor, tanto pessoas físicas como jurídicas. É indispensável, portanto, conhecer melhor o processo de tomada de decisão, as melhores técnicas e tecnologias para conseguirmos os melhores resultados.

Este livro da Fátima Merlin oferece um conjunto valioso de conceitos, ferramentas e técnicas, unindo aprendizados acadêmicos com experiências do que funciona ou não funciona na vida empresarial.

Claro que o tema é dinâmico; a cada momento surgem novas ferramentas e tecnologias, possibilidades, mas, como dito no início, a necessidade básica de conhecer para decidir é perene e essencial para o sucesso.

*Claudio Czapski é especialista no tema Resposta Eficiente ao Consumidor, ex-superintendente da ECR Brasil, onde atuou por mais de 20 anos

E, para fechar este capítulo sobre o futuro, apresento o artigo especial de Caio Camargo sobre os principais *insights* de tecnologia, extraídos de sua participação e cobertura completa da NRF – um dos maiores eventos de varejo do mundo.

NRF: 5 insights sobre tecnologia para você ficar antenado

Caio Camargo *

Todos os anos, a NRF, o maior e mais tradicional evento de varejo do mundo, que acontece nos Estados Unidos, serve como um excelente parâmetro para entendermos novas tecnologias ou os rumos de tecnologia que irão ditar ou acompanhar o futuro do varejo. Em um ano marcado por uma pandemia e pela aceleração digital, como foi 2020, tivemos um inédito formato 100% digital para o evento, e mesmo que sua expo fosse prejudicada pelo formato virtual, por meio das palestras e dos conteúdos, foi possível desenhar alguns pontos importantes sobre tecnologia:

Loja ciborgue

O conceito de um ciborgue difere-se do conceito de um robô, pois, de alguma forma, ainda conserva algo orgânico, humano, em sua essência. Nos filmes ou nos quadrinhos, os ciborgues utilizam-se de braços ou pernas dotados de tecnologia para ter força ou velocidade acima da capacidade humana. Não é diferente nos negócios. A loja ciborgue é o resultado da união perfeita entre o máximo de tecnologia visando à otimização de processos e resultados, porém sem abrir mão da alma ou do coração humanizado, principalmente nas questões de atendimento e personalização de serviços e produtos.

Right-sizing retail

É fato consumado a importância dos dados nos negócios. A distância entre empresas que se utilizam de dados e empresas que não se movimentaram neste sentido, com a pandemia, tornou-se ainda maior. Quem tinha informação e conhecia seus clientes pôde fazer mais e melhor.

Pensando nas lojas, nunca foi tão necessário ter a área do tamanho correto, com o sortimento e a quantidade adequados para o público que você tem hoje. Não dá mais para arriscar se é necessário ter um sortimento tão grande ou uma área de loja maior do que a demanda que irá atender. A utilização dos dados de compra de um local poderá criar lojas cada vez mais compactas e devidamente ajustadas ao seu potencial de consumo, gerando o que é chamado de *right-sizing retail*, o varejo "na medida certa".

Business athleticism

Citado pela Chewy, varejista do mercado pet, o termo, que poderia ser traduzido como "atleticismo dos negócios", define a capacidade de as empresas serem ágeis nas respostas e tomadas de decisão e, principalmente, na execução de novas ideias.

Essa nova capacidade das lojas de atenderem ao ritmo do mercado, com metodologias, treinamentos, tecnologias e processos, é um caminho para "treinar" a empresa para os desafios do negócio, alcançando resultados acima de seus próprios limites.

Discovery commerce

Sabe quando você está navegando em alguma rede social e recebe um anúncio de algo que não estava procurando, mas que lhe desperta o interesse?

Este termo, utilizado pelo Facebook, define que, em um mundo onde somos cada vez mais abordados por anúncios, esta modalidade utiliza dados de compra e navegação dos consumidores e avançados algoritmos para entender o que, quando e onde ofertar algo. É mais do que entender do que os seus consumidores gostam: é entender do que eles precisam – e talvez nem saibam ainda!

Autoabastecimento

O 5G irá tornar-se uma realidade em pouco tempo. Sua adoção, aliada às casas cada vez mais inteligentes (com *devices* de *smart homes*, como Google e Alexa, por exemplo), aumentará a busca pelo autoabastecimento de produtos e serviços.

Num estudo apresentado pela Euromonitor, mais de 27% dos consumidores entrevistados já desejam o autoabastecimento de produtos em suas casas.

Isso significa que, num futuro próximo, você poderá ter sempre à mão a mesma quantidade de sua cerveja favorita, sem a necessidade de sair de casa ou de pedir via aplicativo. Sua geladeira irá conversar diretamente com o supermercado ou site de sua preferência e fazer o pedido por você.

*Caio Camargo é diretor da Linx

Após uma grande transformação da empresa, diria uma verdadeira "re-evolução", veja o que diz Paulo, diretor financeiro do Supermercado Tudo de Bom.

"Vamos dizer que, aqui no Tudo de Bom, atingimos nosso primeiro objetivo de sermos uma empresa orientada por dados, mas ainda há uma longa jornada para nos mantermos neste caminho. Os desafios passam por todos os aspectos de um varejo: processos, pessoas, tecnologia. Por isso, precisamos estar sempre antenados com tudo o que há de novo, investir na formação e capacitação contínua de nossa equipe, na comunicação integrada, garantir os processos, entre outros. E na era V.U.C.A., da velocidade, o processo decisório precisa ser ágil, rápido e certeiro, daí a relevância de estruturarmos nossas empresas para tal."

E chegamos ao final desta jornada rumo a um **Varejo Conectado: Decisões Orientadas por Dados.** Um varejo onde pessoas, processos e tecnologia estão conectados, plenamente integrados, para potencializar o uso de dados na tomada de decisões e maximizar resultados nas empresas.

Espero que a leitura tenha sido agradável, mas, principalmente, que o conteúdo tenha sido relevante e que permita aplicações práticas no seu dia a dia.

Obrigada!

REFERÊNCIAS

BURT, S.; SPARKS, L. **Performance in Food Retailing: A cross-national conside-ration and comparison of retail margins.** British Journal of management, British Academy of Management, Vol. 8, p. 133 – 150, 1997.

CURVELO, N. **7 tendências de inteligência de mercado para 2020.** Cortex. 2020. Disponível em: <https://cortex-intelligence.com/blog/inteligencia-de--mercado/7-tendencias-de-inteligencia-de-mercado-para-2020/>. Acesso em 20 fev. 2021.

DIAS, S.L.V. **Indicadores de desempenho e gestão empresarial.** Porto Alegre: SEBRAE/RS, 2007. Disponível em: <http://www.bibliotecas.sebrae.com.br/chronus/ARQUIVOS_CHRONUS/bds/bds.nsf/3881ADBD039142CB-83257457004C0444/$File/NT00037986.pdf>. Acesso em: 20 jan. 2021.

ENDEAVOR. **13 passos do Roadmap para adoção de OKR.** 2015. Disponível em:< https:///endeavor.org.br/estrategia-e-gestao/okr-passos/>. Acesso em: 20 jan. 2021.

FALCONI, V. **Gerenciamento Pelas Diretrizes: o que todo membro da alta administração precisa saber para vencer os desafios do novo milênio.** 5ª ed. São Paulo: Editora Falconi, 2013.

FUNDAÇÃO NACIONAL DA QUALIDADE (FNQ). **Indicadores de Desempenho – Estruturação do Sistema de Indicadores** Organizacionais. 3. Ed. São Paulo: FNQ, 2012.

GARBI, E. **Alternative measures of performance for e-companies: a comparison of approaches.** Journal of Business Strategies. Huntsville: Sam Houston State University, vol. 19, 1, p. 1-16, 2002.

GOLDMAN, A. Evaluating the performance of the japanese distribution system. **Journal of Retailing**, New York, vol. 68, n° 1, p. 11-39, 1992.

HERRERO Filho, E. **O Balanced Scorecard e a Gestão Estratégica.** Rio de Janeiro: Campus, 8. Ed., 2008.

KAHNEMAN, D. **Thinking, Fast and Slow.** New York: Farrar, Straus and Giroux, 2011.

KAPLAN, R.; NORTON, D. **Mapas Estratégicos: Convertendo ativos intangíveis em resultados tangíveis.** Rio de Janeiro: Elsevier, 2004.

RAMSOY, T. Z. **Introduction to Neuromarketing & Consumer Neuroscience.** Denmark: Neurons Inc. 2015.

SAVAREJO. **Plano comercial ou JBP: como garantir os melhores resultados para varejo e indústria.** 2019. Disponível em: <https://www.savarejo.com.br/detalhe/inovaja/plano-comercial-ou-jbp-como-garantir-que-ele-de-certo-para-varejo-e-industria>. Acesso em 15 abr. 2021.

SEBRAE. **Guia dos Principais Indicadores Aplicados ao Varejo.** 2019. Disponível em: <https://www.sebraeatende.com.br/system/files/guia_dos_principais_indic_aplicados_ao_varejo.pdf>. Acesso em 29 maio 2021.

TEIXEIRA, D. R. Rede de Valor para Inteligência Empresarial. **Revista da ESPM,** vol. 16, 1. ed., p. 80-90, jan./fev. 2009.

Este livro faz parte da coleção

Composta pelos títulos:

- **Varejo Conectado**
  Decisões Orientadas por Dados
  Fátima Merlin

- **A Estratégia do Varejo sob a Ótica do Capitalismo Consciente**
  Hugo Bethlem

- **Os Rumos do Varejo no Século XXI**
  Pandemia e Transformação
  Irineu Fernandes

- **Pense Grande - Pense Pessoas**
  Gestão de Pessoas: O Superpoder da Liderança
  Cidinha Fonseca

- **O CRM no Contexto da Ciência do Consumo**
  Fernando Gibotti

- **Gestão de *Pricing***
  Precificação Estratégica e Rentabilidade
  Leandro de Oliveira

- **Sua gôndola estica?**
  Gerenciamento de Espaços e Processo de Planogramação -
  Raphael Figueira Costa

- **Jornada Omnishopper**
  Daniele Motta

Este livro utiliza fontes das famílias Poppins e
Futura. Ele foi impresso em julho de 2021
pela gráfica Docuprint